工业会计
从入门到精通

陈金明◎著

清华大学出版社
北京

内 容 简 介

本书全面、系统地讲解了工业企业全业务流程会计处理,重点介绍了工业企业相关会计准则及最新的财税政策,并通过案例分析了工业企业会计实务操作问题。

本书共 12 章,内容主要包括概述、工业企业筹建期间的会计处理、工业企业货币资金的会计处理、工业企业采购环节的会计处理、工业企业生产环节的会计处理、工业企业销售环节的会计处理、工业企业期间费用及往来款项的会计处理、工业企业固定资产和无形资产的会计处理、工业企业财务报表的编制、工业企业纳税申报处理、工业企业税务风险、工业企业合同管理。

本书依据最新的《企业会计准则》编写,重点突出了工业企业的特性,并引入了大量通俗易懂的案例,适合一些会计人员以及想在工业会计领域有所进展的人阅读。

图书在版编目(CIP)数据

工业会计从入门到精通 / 陈金明著 . —北京:清华大学出版社,2023.11

ISBN 978-7-302-64873-4

Ⅰ.①工…　Ⅱ.①陈…　Ⅲ.①工业会计　Ⅳ.① F406.72

中国国家版本馆 CIP 数据核字 (2023) 第 214763 号

责任编辑:张立红
封面设计:蔡小波
版式设计:方加青
责任校对:冯婷婷　卢　嫣　王　奕
责任印制:刘海龙

出版发行:清华大学出版社
　　　　　　网　　　址:https://www.tup.com.cn,https://www.wqxuetang.com
　　　　　　地　　　址:北京清华大学学研大厦 A 座　　　　邮　　编:100084
　　　　　　社 总 机:010-83470000　　　　　　　　　　邮　　购:010-62786544
　　　　　　投稿与读者服务:010-62776969,c-service@tup.tsinghua.edu.cn
　　　　　　质 量 反 馈:010-62772015,zhiliang@tup.tsinghua.edu.cn
印 装 者:北京嘉实印刷有限公司
经　　销:全国新华书店
开　　本:170mm×240mm　　　**印　张:**14.25　　　**字　数:**233 千字
版　　次:2023 年 11 月第 1 版　　　**印　次:**2023 年 11 月第 1 次印刷
定　　价:69.80 元

产品编号:099867-01

前言

　　本书是为工业企业会计提供的一本实用性强、系统性强、可操作性强的指导用书。工业企业是国家经济建设的中流砥柱，对国民经济的发展起着重要的支撑作用，而会计人员在企业管理和决策中扮演着至关重要的角色。本书旨在为工业企业的会计人员提供全面、系统、实用的会计知识和技能，帮助他们更好地理解和掌握企业的财务管理和决策。

　　本书是笔者基于多年从事工业企业会计实务和理论研究的经验撰写而成的，全面展示了工业企业会计的知识和技术。内容涵盖了会计基础知识、采购核算、成本核算、销售核算、固定资产和无形资产管理以及企业财务报表等方面，全面而详尽地阐述了工业企业会计各个环节的作用和操作方法。

　　本书以最新颁布的《企业会计准则》为依据，所运用的财务法律法规的截止时间为 2023 年 3 月 31 日，重点介绍了工业企业相关会计准则及最新的财税政策，通过案例分析工业企业会计实务操作问题。

笔者感言

　　自从事财务工作以来，笔者接触过多个行业的财务核算工作，可以说工业企业会计是各行业会计中难度最大的一类。其难度主要体现在以下几个方面。

　　（1）涉及范围广：工业企业会计涉及的范围非常广泛，包括财务会计、成本核算、税务处理、财务管理等方面，会计人员需要掌握多方面的知识和技能。

　　（2）核算复杂：工业企业会计中的核算涉及多个环节和流程，从采购到生产再到销售，每个环节都需要进行成本核算和管理，会计人员需要有较强的财务管理能力。

（3）涉及税务繁多：工业企业会计需要处理各种税务问题，包括税务申报、税务优惠等方面，会计人员需要有较强的税务处理能力。

（4）复杂的财务报告：工业企业会计需要编制各种财务报告，包括资产负债表、利润表、现金流量表等，会计人员需要有较强的财务分析和解释能力。

因此，要想做好工业企业会计，会计人员需要有扎实的会计基础知识和技能，并且具备较强的管理能力和税务处理能力。本书正是以此为出发点，用通俗的语言讲述深奥的理论，化繁为简，并联系实务工作中的问题，以笔者自身体会指导读者进行学习。

本书特色

● 内容全面系统：本书内容涵盖工业企业会计的各个方面，包括会计基础知识、会计准则、财务报表编制、税务风险等。

● 深入浅出：本书在写作过程中，注重深入浅出地讲解工业企业会计学的原理和方法，使得读者能够轻松地理解和掌握相关知识。

● 内容新颖：本书所引用的会计准则及相关案例均以最新的会计政策法律、法规为依据。

● 经验总结：本书全面归纳和整理笔者多年的工业企业财务工作经验。

● 实用性强：本书内容紧密结合实际，对于实务操作具有很强的指导意义，能够帮助读者更好地应对实际工作中的各种问题。

● 案例丰富：本书在讲解工业企业会计学原理和方法的同时，还通过大量的案例来说明理论知识，使读者能够更好地理解和应用相关知识。

本书内容

本书内容可以分为三部分，第一部分是工业企业会计理论和案例分析，第二部分是工业企业税收管理和涉税风险，第三部分是工业企业合同管理。

第一部分主要介绍了工业企业会计的相关知识，包括基础知识、核算方法和具体业务核算等。在基础知识方面，主要介绍工业企业会计的基本概念、原则和方法，包括会计的定义、会计的职能、会计的循环等。在核算方法方面，主要介绍工业企业会计核算的具体方法，包括记账方法、账户设置、会计科目使用、会计分录编制等。在具体业务核算方面，主要介绍具体业务的核算方法，包括采购核算、生产成本核算、销售核算、财务报表编制等。

第二部分首先介绍了工业企业所涉及的主要税种及其计算方法，其次讲述了工业企业在实际经营中可能面临的各种税务风险以及相应的防控措施。

第三部分主要介绍了工业企业对各类合同的管理，包括合同的签订、履行、变更、解除和归档等过程的管理。

本书读者对象

- 财务零基础入门人员
- 工业企业财务人员
- 打算转入工业企业的其他行业财务人员
- 对工业会计感兴趣的人员
- 会计专业在校学生

目 录

第1章
概述

工业企业是国民经济的一个重要组成部分，中国这些年的经济增长有赖于工业企业的蓬勃发展。随着经济全球化程度的不断加深，中国制造将继续扮演重要的角色。正因如此，工业企业的财务核算和管理将变得更加重要，对相关财务人员的需求将越来越多。

工业企业会计作为财务行业最重要的工种之一，其核算难度往往令很多财务人员望而却步。本章将介绍工业企业和工业企业会计的基础知识，主要涉及的知识点有：

- 工业企业简介
- 工业企业会计简介
- 工业企业会计基本假设
- 工业企业会计要素
- 工业企业会计计量属性
- 工业企业会计信息质量要求

1.1 工业企业简介

万丈高楼平地起，没有坚实的基础，是无法向上建设高楼大厦的。同理，要想掌握工业企业会计，必须先了解工业企业的基本知识。本节简单介绍工业企业的概念、特征和组织架构，务求让读者对工业企业有一个基本了解。

1.1.1 工业企业概念及特征

工业企业，是指直接从事工业性生产活动或提供工业性劳务的营利性经济组织。它与商业企业最大的不同就是，工业企业更强调"生产制造"这个过程，包括进料、生产、入库、出库等一系列工业活动。其主要特征如下。

（1）大规模使用机器生产。

（2）劳动分工明细，协助严密。

（3）生产社会化程度高，有广泛的外部联系。

1.1.2 工业企业组织架构

工业企业组织架构由于企业所处的行业环境和企业规模不同，存在一定的差异，但基本的部门设置大同小异，主要包含销售部、采购部、生产部、人事部等部门，其组织架构如图 1.1 所示。

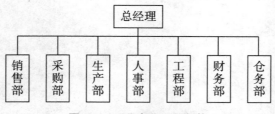

图 1.1 工业企业组织架构

各部门分工合作，遵循不相容岗位分离原则，各司其职。一般的工业企业的日常分工是：销售部签订销售合同，然后把订单发给生产部；生产部根据订单制订生产计划，检查原材料是否满足生产要求，并安排生产任务的具体执行；采购部根据各部门的需求确定要采购的物料种类和数量，确保生产任务顺利进行；仓务部负责物料的出入库、保管和盘点工作；其他部门主要负责后勤及一些支持性工作。

了解工业企业的概念及组织架构是进行工业会计核算的基础，下文会通过理论讲解和实例分析，让读者对工业企业有更深刻的理解。

1.2 工业企业会计简介

本节主要介绍工业企业会计的基本知识，包括工业企业会计概念和工业企业会计职能，这属于基础性内容，对学习后面章节的内容有一定的帮助，读者不能掉以轻心。

1.2.1 工业企业会计概念

工业企业会计，是指以货币为主要计量单位，通过对工业企业各项经济业务进行确认、计量、记录和报告，对企业的经济活动进行完整的、连续的、系统的核算和监督，以帮助企业利益相关方及时了解企业的经营状况，为管理决策提供有效依据。

工业企业会计反映和控制的主要内容包括在生产经营过程中固定资产、材料成本、加工成本、产品成本、货币资金、销售收入等事项的财务核算以及财务报表的编制等。

1.2.2 工业企业会计职能

工业企业会计职能，是指工业企业会计在经济管理过程中所具有的功能。会计职能包含两个方面：会计核算和会计监督。

1. 会计核算职能

会计的核算职能，是指会计以货币为主要计量单位，对特定主体的经济活动进行确认、计量、记录和报告。会计核算贯穿经济活动的全过程，是会计最基本的职能。

在《中华人民共和国会计法》中，会计核算的主要内容如下。

（1）款项和有价证券的收付。

（2）财物的收发、增减和使用。

（3）债权、债务的发生和结算。

（4）资本、基金的增减。

（5）收入、支出、费用、成本的计算。

（6）财务成果的计算和处理。

（7）需要办理会计手续、进行会计核算的其他事项。

2. 会计监督职能

会计的监督职能，是指对特定主体的经济活动和相关会计核算的真实性、合法性和合理性进行审查。真实性审查，是指检查各项会计核算是否根据实际发生的经济业务进行。合法性审查，是指检查各项经济业务是否符合国家有关法律法规，遵守财经纪律，执行国家各项方针政策，以杜绝违法乱纪行为。合理性审查，是指检查各项财务收支是否符合客观经济规律及经营管理方面的要求，保证各项财务收支符合特定的财务收支计划，实现预算目标。

根据《中华人民共和国会计法》的规定，会计监督的主要内容如下。

（1）对会计凭证、会计账簿和会计报表等会计资料进行监督，以保证会计资料的真实、准确、完整、合法。

（2）对各种财产和资金进行监督，以保证财产、资金的安全、完整与合理使用。

（3）对财务收支进行监督，以保证财务收支符合财务制度的规定。

（4）对经济合同、经济计划及其他重要经营管理活动进行监督，以保证经济管理活动的科学、合理。

（5）对成本费用进行监督，以保证用尽可能少的投入获得尽可能多的产出。

（6）对利润的实现与分配进行监督，以保证按时上缴税金和进行利润分配等。

工业企业会计的核算职能是会计发挥监督职能的基础，没有会计核算提供的信息，就不可能进行会计监督；而监督职能又是核算职能的保证，没有会计监督进行控制，会计核算就不可能提供真实可靠的会计信息，也就失去了意义。因此，会计的核算职能和监督职能是紧密联系、相辅相成的。

1.3　工业企业会计基本假设

工业企业会计基本假设，是指会计人员对会计核算所处的变化不定的环境和某些不确定的因素，根据客观的、正常的情况或趋势所做的合乎情理的判断。会计基本假设又叫会计核算的基本前提，一般包括会计主体、持续经营、会计分期和货币计量等四个基本前提，其含义及例子如表 1.1 所示。

表 1.1　会计基本假设的含义及例子

会计基本假设	含义	举例说明
会计主体	会计工作服务的特定对象，也是会计确认、计量、记录和报告的一个空间范围	李四开了一家钢铁加工厂，一个月营业收入为 50 万元，李四私人买车花了 10 万元。在这里，会计主体就是钢铁加工厂，营业收入 50 万元属于该主体的经济行为，应该计入账务中；而买车花的 10 万元属于所有者的个人财务收支，不应计入该主体账务中
持续经营	在可以预见的时间里，企业将会按照当前的规模和状态经营下去，不会停业，也不会大规模削减业务	李四的钢铁加工厂已经开了两年，而且根据目前的经营状况，这家加工厂在未来可预见的五年内都不会倒闭，这就是持续经营假设。如果该加工厂经营不善，在不久的将来就要关门大吉，这就不符合持续经营假设，而应该使用破产清算会计程序和方法
会计分期	将一个企业持续经营的生产经营活动划分为一个个连续且长短相同的期间	因为李四的钢铁加工厂可以持续经营很多年，所以为了方便统计每一年的业绩，有必要将企业的经营活动划分为一个个连续、长短相同的期间。在中国以一个公历年度作为企业的会计年度，即 1 月 1 日—12 月 31 日，短于一年的会计期间统称为会计中期

（续表）

会计基本假设	含义	举例说明
货币计量	会计主体在会计确认、计量、记录和报告时以货币为主计量，反映会计主体的生产经营活动	李四的钢铁加工厂一个月营业收入是 50 万元，这里的 50 万元体现的就是货币计量假设。在中国，企业的记账本位币是人民币，企业的所有经济活动最终通过人民币金额反映出来

会计的四个基本假设是比较重要的概念，教大家一个记忆的方法：会计主体、持续经营、会计分期、货币计量这四个假设各取一个字，记住"主营期货"就好了。

1.4 工业企业会计要素

工业企业会计要素，是指对企业会计对象的具体内容所做的分类，是会计对象按经济特征所做的最基本的分类，也是会计核算对象的具体化。会计要素可以划分为资产、负债、所有者权益、收入、费用和利润六个方面，其分类如表 1.2 所示。

表 1.2　会计要素的分类

分类	会计要素	对应的报表
反映企业财务状况	资产、负债、所有者权益	资产负债表
反映企业经营成果	收入、费用、利润	利润表

会计要素要如何确认？会计要素的确认是一个实质性的过程，需要保证会计信息的真实性、可靠性和透明度，不同的会计准则和制度对会计要素的确认标准和方法有所不同。会计要素的确认标准如表 1.3 所示。

表 1.3　会计要素的确认标准

会计要素	含义	确认标准
资产	由企业过去的交易、事项形成并由企业拥有或者控制的资源，该资源预期会给企业带来经济利益	（1）与该资源有关的经济利益很可能流入企业。 （2）该资源成本或者价值能够可靠地计量

（续表）

会计要素	含义	确认标准
负债	由企业过去的交易、事项形成的现时义务，履行该义务预期会导致经济利益流出企业	（1）与该义务有关的未来经济利益很可能流出企业。 （2）未来经济利益的流出额能够可靠地计量
所有者权益	所有者在企业资产中享有的经济利益，其数量金额为资产减去负债后的余额	（1）主要依赖于其他会计要素的确认，尤其是资产和负债的确认。 （2）所有者权益金额的确定也主要取决于资产和负债的计量
收入	企业在销售商品、提供劳务及让渡资产的使用权等日常活动中所形成的，会导致所有者权益减少的，与所有者投入资本无关的经济利益的总流入	（1）企业应当在履行了合同中的履约义务，即客户取得相关商品（或服务）控制权时确认收入。 （2）取得相关商品（或服务）控制权，是指能够主导该商品（或服务）的使用并从中获得几乎全部的经济利益
费用	企业在生产经营过程中发生的，会导致所有者权益减少的，与向所有者分配利润无关的经济利益的总流出	（1）与费用相关的经济利益应当很可能流出企业。 （2）经济利益流出企业的结果是资产的减少或负债的增加。 （3）经济利益的流出额能够可靠地计量
利润	企业在一定期间的经营成果，是衡量企业经营业绩的重要指标	（1）利润的确认主要依赖于收入和费用，以及利得和损失的确认。 （2）利润金额的确定也主要取决于收入、费用、利得和损失金额的计量

会计要素是构成会计报表的基本框架，我们所看到会计报表的一系列指标，都是由会计要素构成的，可以说会计要素为会计报表奠定了基础，其意义十分重大。

1.5　工业企业会计计量属性

工业企业会计计量属性，是指会计要素的数量特征或外在表现形式，反映了会计要素金额的确定基础，主要包括历史成本、重置成本、公允价值、可变现净值和现值。会计计量属性的含义和举例如表 1.4 所示。

表 1.4　会计计量属性的含义及例子

会计计量属性	含义	举例说明
历史成本	取得或制造某项资产时所支付的现金或其他等价物	假如有一天你弄丢了朋友的车，车是去年买的，花了 10 万元，对方让你赔偿 10 万元，那他的依据就是历史成本计量
重置成本	按照当前市场条件，重新获得一项资产所须支付的现金或其他等价物	沿用上面的例子，你发现那台车降价了，现在市场价格是 9 万元，你买一台新车赔给他只须花 9 万元，所以你只愿意赔偿 9 万元，这时候的依据就是重置成本计量
公允价值	市场参与者在计量日发生的有序交易中，出售一项资产所能收到或者转移一项负债所须支付的代价	你还是觉得赔 9 万元亏了，毕竟他的车已经用了一年，于是去二手车市场询问了一下，结合那台车的使用时间和里程数，二手车老板告诉你那台车现在只值 8 万元，这是市场价，这就是公允价值计量
可变现净值	正常生产经营中，以预计售价减去进一步加工成本以及销售税费后的净额	你找到朋友，告诉他那台车只值 8 万元，然后还要花掉 3 千元的手续费和税费，实际到手只能有 7.7 万元，这就是可变现净值
现值	未来现金流量以恰当折现率进行折现后的价值	最终确定了赔偿金额是 8 万元，你突然发现账户余额不足，于是找朋友商量，看能不能分期付款，每个月给他 1 万元，8 个月付清。我们知道，未来的钱和现在的钱的价值是不一样的，就像现在的 100 元和 20 年前的 100 元的购买力也不一样，所以得按照一定的利率把该金额折现成现在的价值，折现完之后你发现分期付款的 8 万元实际上相当于现在的 7.8 万元，这就是现值计量

1.6　工业企业会计信息质量要求

　　会计信息质量要求是对企业财务报告所提供会计信息质量的基本要求，包括可靠性、相关性、可理解性、可比性、实质重于形式、重要性、谨慎性和及时性 8 个方面。

　　（1）可靠性：要求企业以实际发生的交易或者事项为依据进行确认、计量和报告，如实反映符合确认和计量要求的各项会计要素及其他相关信息，保证会计信息真实可靠、内容完整。

（2）相关性：要求企业提供的会计信息与财务会计报告使用者的经济决策需要相关，有助于财务会计报告使用者对企业过去和现在的情况做出评价，对未来的情况做出预测。

（3）可理解性：要求企业提供的会计信息清晰明了，便于财务会计报告使用者理解和使用。

（4）可比性：要求企业提供的会计信息相互可比，保证同一企业不同时期可比、不同企业相同会计期间可比。为了便于投资者等财务报告使用者了解企业的财务状况、经营成果和现金流量的变化趋势，比较企业在不同时期的财务报告信息，全面、客观地评价过去、预测未来，从而做出决策，会计信息质量的可比性要求同一企业不同时期发生的相同或者相似的交易或者事项，应当采用一致的会计政策，不得随意变更。为了便于投资者等财务报告使用者评价不同企业的财务状况、经营成果和现金流量及其变动情况，会计信息质量的可比性要求不同企业同一会计期间发生的相同或者相似的交易或者事项，应当采用规定的会计政策，确保会计信息口径一致、相互可比，以使不同企业按照一致的确认、计量和报告要求提供有关会计信息。

（5）实质重于形式：要求企业按照交易或者事项的经济实质进行会计确认、计量和报告，不应仅以交易或者事项的法律形式为依据。例如，企业按照销售合同销售商品但又签订了售后回购协议，虽然在法律形式上实现了收入，但如果企业没有将商品所有权上的主要风险和报酬转移给购货方，没有满足收入确认的各项条件，即使签订了商品销售合同或者已将商品交付给购货方，也不应当确认销售收入。

（6）重要性：要求企业提供的会计信息反映与企业财务状况、经营成果和现金流量有关的所有重要交易或者事项。重要性的应用依赖于职业判断，从项目的性质（质）和金额大小（量）两方面进行判断。

（7）谨慎性：要求企业对交易或者事项进行会计确认、计量和报告时保持应有的谨慎，不应高估资产或者收益，不应低估负债或者费用。例如，企业按照特定方法对应收账款计提坏账准备，体现的就是谨慎性。

（8）及时性：要求企业对于已经发生的交易或者事项及时进行确认、计量和报告，不得提前或者延后。会计核算过程中的及时性包括及时收集会计信息、及时处理会计信息、及时传递会计信息。

第 2 章
工业企业筹建期间的会计处理

工业企业在初建期间，往往没有设置专门的财务人员，导致一些账务和税务的处理不够规范，使企业后期的账务处理衔接出现问题，给企业带来经济上的损失和法律上的风险。因此，为了避免日后"翻旧账"，企业应自成立起便做好财务核算工作，从源头上解决相关的风险。

本章将介绍工业企业筹建期间的会计处理，主要涉及的知识点有：

● 股东的相关知识

● 筹建期间注册资本的会计处理

● 开办费用的相关知识

● 筹建期间开办费用的会计处理

2.1 注册资本问题

注册资本会计处理是企业会计核算的一项重要内容，它关系到企业的资本结构、股权结构和经营状况等方面，企业在处理注册资本的过程中需要遵循一些重要的会计原则，如谨慎性原则等，以保证会计信息的准确性和可靠性。

2.1.1 股东的类型和出资方式

股东是指公司的出资人或投资人，股东作为出资者，按其出资份额（股东另有约定的除外）享有所有者的分享收益、重大决策以及选择管理者等权利。按照不同的标准，公司股东可以分为以下几类。

1. 隐名股东和显名股东

根据股东实际出资情况和工商登记记载的资料是否一致，可以把公司股东分为隐名股东和显名股东。隐名股东是指实际出资认缴公司注册资本或股本，但在公司章程、股东名单和工商登记等材料中记载为他人的投资者，隐名股东又称为实际出资人。显名股东分为两种，第一种是指出资情况与工商登记资料一致的股东，是公司的实际投资人；第二种是指没有实际出资，但接受隐名股东的委托，在工商登记为股东的受托人，代替隐名股东行使股东的相关权力，这种显名股东又称为股份代持人。

2. 机构股东和个人股东

以股东主体身份为依据，可以把股东分为机构股东和个人股东。机构股东是指享有股东权的法人和其他组织。机构股东包括各类公司、各类集体所有制企业、各类非营利法人和基金等机构和组织。个人股东是指一般的自然人股东。

3. 控股股东与非控股股东

以股东持股的数量与影响力来划分，可分为控股股东与非控股股东。控股股东又分为绝对控股股东与相对控股股东。控股股东，是指其出资额占有限责任资本总额的 50% 及以上或依其出资额所享有的表决权已足以对股东、股东大会的决议产生重大影响的股东。有些企业股权分散，大股东虽然持股份额远低于 50%，但其所拥有的表决权和影响力足以决定公司的经营决策，也可以视为控股股东。非控股股东就是俗称的小股东，是指除了控股股东以外的其他所有股东。

2.1.2　股东出资的会计处理

股东出资，是指股东在公司设立或者增加资本时，为取得股份或股权，根据协议的约定以及法律和章程的规定向公司交付财产或履行其他给付义务。股东出资是股东的基本义务。股东可以用货币出资，也可以用实物、知识产权、土地使用权等可以用货币估价并可以依法转让的非货币财产作价出资，不得以劳务、信用、自然人姓名、商誉、特许经营权或者设定担保的财产等作价出资。

目前公司注册资本实行认缴登记制度，营业执照上的注册资本不一定就是股东实缴的出资额。因此，股东只有按期足额缴纳公司章程中规定认缴的出资额，并且以货币出资的，按货币足额存入公司账户，以非货币出资的，依法办理其财产权的转移手续，将非货币财产的所有权转至公司名下，才算完成了出资的义务。只有股东完成了出资的义务，财务人员才需要进行相应的会计处理。

股东出资的会计处理如下。

（1）股东以货币出资时：

借：银行存款

　　贷：实收资本（股份制公司用"股本"）

（2）股东以其他非货币性资产出资时：

借：固定资产

无形资产

应交税费——应交增值税（进项税额）

　　贷：实收资本

【案例分析】

　　甲和乙共同设立一家公司，注册资本为 226 万元，双方各占 50% 的股权。甲以货币出资 113 万元，乙以一台设备作为出资，该设备含税价值为 113 万元，增值税税率为 13%。双方已办妥出资手续。

　　会计处理如下。

借：银行存款	1 130 000
固定资产	1 000 000
应交税费——应交增值税（进项税额）	130 000
贷：实收资本	2 260 000

　　除了上述情况外，股东出资时可能还存在溢价的情况。由于出资的各方对企业的影响力不一致，处于弱势的一方要支付更多的对价才能获得相对应的股权份额，这部分多支付的对价便形成了资本溢价（或股本溢价）。

【案例分析】

　　甲和乙共同设立一家公司，注册资本为 100 万元，双方各占 50% 的股权。甲认为，自己是成立公司的发起人，而且掌握了生产技术和市场，而乙仅仅是一个投资者，应当支付更多对价，于是和乙约定乙要支付 80 万元才能获得 50% 的股权。最后，甲乙双方协商一致，甲以货币出资 50 万元，乙以货币出资 80 万元，双方已办妥出资手续。

　　会计处理如下。

借：银行存款	1 300 000
贷：实收资本——甲	500 000
——乙	500 000
资本公积——资本溢价	300 000

2.2 开办费用问题

筹建期间发生的开办费用对于企业的正常运转具有重大影响，同时是企业在法律上合法运营的必要条件。企业应遵循真实性原则，按规定将发生的开办费入账，以实现财务上的最大化效益。

2.2.1 开办费的概念和类型

开办费，是指企业在筹建期间发生的费用，包括筹建期人员工资、办公费、培训费、差旅费、印刷费、注册登记费以及不计入固定资产和无形资产购建成本的汇兑损益和利息支出。筹建期是指企业被批准筹建之日起至开始生产、经营（包括试生产、试营业）之日。

开办费主要包括以下各类费用。

（1）筹建人员所发生的费用，包括筹建人员的工资、奖金等工资性支出以及差旅费等。

（2）企业登记、公证的费用，包括工商登记费、税务登记费、验资费、公证费等。

（3）筹措资本的费用，主要是指筹资支付的手续费以及不计入固定资产和无形资产的汇兑损益和利息支出等。

（4）人员培训费，包括员工外出进修学习的费用和聘请专家进行技术指导的劳务费。

（5）企业资产的摊销、报废和毁损。

（6）其他相关费用，包括筹建期间发生的办公费、广告费、招待费、可行性研究费用和通讯费等。

2.2.2 开办费的会计处理

在以往的会计准则中，企业的开办费应统一归集，列作长期待摊费用，分期摊销，摊销年限不得低于 3 年。而从《企业会计准则——应用指南》附录中可以看出，开办费的会计处理有以下特点。

（1）改变了过去将开办费作为资产处理的做法，开办费不再是长期待摊费用，而是直接费用化。

（2）新的资产负债表没有反映"开办费"的项目，也就是说不再披露开办费信息。

（3）明确规定，开办费在"管理费用"会计科目核算。

（4）规范了开办费的账务处理程序，即开办费首先在"管理费用"会计科目核算，然后计入当期损益。

也就是说，在新的准则下，开办费可以在发生当期计入管理费用，不再进行摊销处理。

🔍 **【案例分析】** 〉〉〉〉

A公司成立于20×2年1月1日，20×2年9月1日正式开始生产销售，20×2年1月1日至20×2年8月31日发生人员工资、注册登记费、办公费、差旅费、培训费等共计100万元。

A公司的会计处理如下。

借：管理费用   1 000 000

　　贷：银行存款   1 000 000

第 3 章
工业企业货币资金的会计处理

货币资金是企业流动性最强的资产，可以说是"企业的血液"。企业持有的货币资金越多，其偿债能力就越强。货币资金的稳健性，是企业进行生产经营等经济活动的必要前提，也是企业进行经济核算、考核经济效果的重要指标之一。因此，加强货币资金的管理，对于企业来说具有十分重要的意义。

本章将介绍工业企业货币资金的相关事项以及会计处理，主要涉及的知识点有：

- 货币资金概念及分类
- 货币资金的管理
- 货币资金的会计处理

3.1　货币资金概念及分类

货币资金，是指企业拥有的、以货币形式存在的资产，包括现金、银行存款和其他货币资金。

（1）现金：是指企业拥有的库存现金，包括人民币现金和外币现金。

（2）银行存款：是指企业存入银行或其他金融机构的各种存款。

（3）其他货币资金：是指企业的外埠存款、银行汇票存款、银行本票存款和信用卡存款等。

3.2　货币资金的管理

货币资金管理，是指按照国家有关规定，对现金和银行存款进行计划、组织、监督和控制的一项管理活动。它是企业财务管理的一项重要内容，对于保证企业生产经营活动的正常进行和促进企业的发展具有十分重要的意义。

3.2.1　现金的管理

根据国务院发布的《现金管理暂行条例》规定：国家鼓励开户单位和个人在经济活动中，采取转账方式进行结算，减少使用现金。开户单位之间的经济往来，除按本条例规定的范围可以使用现金外，应当通过开户银行进行转账结算。开户单位可以在下列范围内使用现金。

（1）职工工资、津贴。

（2）个人劳务报酬。

（3）根据国家规定颁发给个人的科学技术、文化艺术、体育等各种奖金。

（4）各种劳保、福利费用以及国家规定对个人的其他支出。

（5）向个人收购农副产品和其他物资的价款。

（6）出差人员必须随身携带的差旅费。

（7）结算起点以下的零星支出。

（8）中国人民银行确定需要支付现金的其他支出。

因此，为了满足监管需求和方便企业管理，很多公司在日常经营中不使用现金或尽量少使用现金。

如果企业在生产经营过程中必须使用现金，应当制定库存现金管理制度，主要内容如下。

（1）企业可根据日常经营需求持有一定数量现金，并根据需求设置现金库存限额，超过库存限额的现金应及时存入银行。超过库存限额的现金如有特殊原因须滞留在公司的，必须经有关领导批准，并做好保管工作。公司的库存现金低于库存限额，且未来有较大现金支出需求的，由出纳填制现金支票，到银行提取现金。

（2）出纳应建立和登记现金日记账，根据审批无误的收支凭单逐笔登记现金日记账，于每天终了结出当日收支总额及其余额，并核对库存现金。

（3）出纳收取现金时，须立即开具一式三联的收款收据，由收、缴款双方确认签名后，缴款人、出纳、会计各留存一联。

（4）任何现金支出必须按相关程序报批，不得白条抵库，不得随意坐支现金。坐支现金是指收到现金以后不往银行存，直接从收到的现金中开支，坐支简单地说就是挪用收入款。例如，企业卖废品收到现金 200 元，然后员工报销 200 元，出纳直接用这 200 元现金支付了，这就是坐支，这种行为是不允许的。企业因特殊情况需要坐支现金的，应当事先报经开户银行审查批准，由开户银行核定坐支范围和限额。

（5）现金收支要坚持做到日清月结，不得跨期、跨月处理现金账务。现金收支单据办理完毕后，出纳须在审核无误的收支凭单上签章，并在原始单据上加盖现金收、付讫章，防止重复记账。

（6）出纳在收取现金时，应认真鉴别钞票的真伪，防止假币和错收，若发生误收假币或短款的情况，由出纳承担一切损失。

（7）企业应采用定期和不定期相结合的方式，对出纳保管的现金进行盘点清查，以核对账实差异。

（8）每月最后一天下班前，出纳应结出现金日记账余额，并对所有现金和相关票据进行封柜。会计与出纳双方核对总账余额及现金日记账余额，出纳盘点保险柜中的现金、票据，出现差异的，查找差异原因，会计编制现金盘点表，经出纳确认后由财务资金经理审核，将盘点差异计入待处理财产损益，提出账务处理建议，经财务资金经理复核，财务总监审批后依据处理意见进行账务处理。库存现金盘点表的样式如表 3.1 所示。

表 3.1　现金盘点表样式

（单位：元，个）

货币面值	张数	金额
100		
50		
20		
10		
5		
1		
0.5		
0.1		
合计		
现金日记账账面余额		
盘点差额		
盘点差额原因		
盘点日期：　　　　　　　监盘人：　　　　　　　　　　　出纳：		

3.2.2　银行存款的管理

银行存款是指储存在银行的款项，是货币资金的组成部分。企业可以根据自身经营情况选择是否开通银行账户，如须开通，则必须到中国人民银行指定的专业银行开立存款账户，办理存款、取款和转账结算，企业的货币资金，除了在规定限额以内可以保存少量的现金外，都必须存入银行。

银行账户必须按照中国人民银行《支付结算办法》和国家其他有关规定设立、使用和注销。银行存款账户主要包括以下 4 类。

（1）基本存款账户。

（2）一般存款账户。

（3）临时存款账户。

（4）专用存款账户。

其中常见的是基本存款账户和一般存款账户。企业只能选择一家银行的一个营业机构开立一个基本存款账户，主要用于办理日常的转账结算和现金收付，而一般存款账户则可以根据实际经营情况开立，没有数量上的限制。

由于银行存款对企业的经营至关重要，因此企业要制定相关管理制度，对银行存款进行管理。企业可设置以下管理制度。

（1）员工不得轻易对外泄露公司银行账号，如有业务需要，应经有权限的人员审核通过后方可对外提供。银行账户登录及操作密码必须严格保密，银行账户印鉴应由公司指定不同人员保管，公司法定代表人私章、财务专用章均应由不同人员进行保管，不允许由同一人保管使用。

（2）银行账户开通网上银行的，应设定每次付款最高限额，并至少设置两个用户，分别指定不同人员进行制单、复核、授权等操作，不允许由一个人操作整个付款程序，同时各自保管好密钥及密码，对固定密码需要定期进行更新。

（3）公司的资金支付业务应通过网上银行办理。公司应制定资金审批程序，由款项申请人填写付款申请单，经审批后方可转交财务部出纳员进行办理。出纳员审核付款申请单据无误后，在网银页面进行付款制单，制单后交网银付款复核人员在网银上对付款单进行复核，确认无误后，进行划款，付款成功后打印支付凭证。付款完成后，出纳员在付款申请单上加盖付讫章，与打印出的支付凭证一并交予会计进行账务处理。

（4）企业如须使用支票业务，应当规范使用支票，严格控制签发空白支票。如因特殊情况确须签发不填写金额的转账支票时，必须在支票上写明收款单位名称、款项用途、签发日期、规定限额和报销期限，并由领用支票人在专设登记簿上签章。逾期未用的空白支票应交给签发人。对于填写错误的支票，必须加盖"作废"戳记，与存根一并保存。支票遗失时要立即向银行办理挂失手续。

（5）出纳应建立和登记银行日记账，根据审批无误的收支凭单逐笔登记银行日记账，于每天终了结出当日收支总额及其余额。

（6）会计人员按月与银行对账单、银行存款明细账进行检查核对，编制银行存款余额调节表，经财务资金经理复核后存档。

3.2.3 其他货币资金的管理

其他货币资金包括外埠存款、银行汇票存款、银行本票存款、信用卡存款、信用卡保证金存款以及存出投资款等。

（1）外埠存款是指企业到外地进行临时零星采购时，汇往采购地银行开立采购专户的款项。

（2）银行汇票存款是指企业为取得银行汇票而按照规定存入银行的款项。

（3）银行本票存款是指企业为取得银行本票而按照规定存入银行的款项。

（4）信用卡存款是指企业为取得信用卡而按照规定存入银行的款项。

（5）信用卡保证金存款是指企业存入银行作为信用卡保证金专户的款项。

（6）存出投资款是指企业已经存入证券公司但尚未进行投资的货币资金。

其他货币资金就其性质来看，同现金和银行存款一样，都属于货币资金，但是由于存放地点和用途不同于一般现金和银行存款，因此另设"其他货币资金"科目对其进行核算。其他货币资金由于在日常业务中不常发生，所以在这里不做详细叙述。其他货币资金大多数是在银行账户上操作的，因此可以参照银行存款进行管理。

3.3 货币资金的会计处理

涉及货币资金的业务一般比较简单，主要是货币资金的收付业务，其会计处理如下。

（1）现金收入

借：库存现金

      贷：营业外收入等

（2）现金支出

借：管理费用等

      贷：库存现金

（3）银行存款收入

借：银行存款

　　　　贷：应收账款等

（4）银行存款支出

借：应付账款等

　　　　贷：银行存款

（5）现金存入银行

借：银行存款

　　　　贷：库存现金

从银行提取现金做以上相反分录。

（6）现金盘盈

批准前：

借：库存现金

　　　　贷：待处理财产损溢——待处理流动资产损溢

批准后，无法查明原因的：

借：待处理财产损溢——待处理流动资产损溢

　　　　贷：营业外收入

（7）现金盘亏

批准前：

借：待处理财产损溢——待处理流动资产损溢

　　　　贷：库存现金

批准后，无法查明原因的：

借：管理费用

　　　　贷：待处理财产损溢——待处理流动资产损溢

查明原因由有关人员赔偿的：

借：其他应收款

　　　　贷：待处理财产损溢——待处理流动资产损溢

【案例分析】 ━━ >>>>

　　A 公司为一家制造型企业，是增值税一般纳税人，其在 1 月发生以下业务。

　　（1）销售一批商品，含税总金额为 11 300 元，增值税税率为 13%，相关货款已汇入 A 公司银行账户。

借：银行存款　　　　　　　　　　　　　　　　　　　11 300

　　贷：主营业务收入　　　　　　　　　　　　　　　　　10 000

　　　　应交税费——应交增值税（销项税额）　　　　　1 300

（2）从银行提取 5 000 元现金，作为企业日常备用金。

借：库存现金　　　　　　　　　　　　　　　　　　　5 000

　　贷：银行存款　　　　　　　　　　　　　　　　　　5 000

（3）员工甲报销办公用品费用 300 元，以现金付讫。

借：管理费用——办公费　　　　　　　　　　　　　　300

　　贷：库存现金　　　　　　　　　　　　　　　　　　300

（4）员工乙预支差旅费 500 元，以现金付讫。

借：其他应收款　　　　　　　　　　　　　　　　　　500

　　贷：库存现金　　　　　　　　　　　　　　　　　　500

（5）员工乙出差归来，实际报销差旅费 400 元，余下 100 元现金交回出纳处。

借：管理费用——差旅费　　　　　　　　　　　　　　400

　　库存现金　　　　　　　　　　　　　　　　　　　100

　　贷：其他应收款　　　　　　　　　　　　　　　　　500

（6）盘点时发现现金短款（现金盘亏）100 元，查明是出纳粗心所致，该 100 元由出纳负责赔偿。

借：待处理财产损溢——待处理流动资产损溢　　　　100

　　贷：库存现金　　　　　　　　　　　　　　　　　　100

查明原因由出纳赔偿：

借：其他应收款　　　　　　　　　　　　　　　　　　100

　　贷：待处理财产损溢——待处理流动资产损溢　　　100

收回出纳赔偿款：

借：库存现金　　　　　　　　　　　　　　　　　　　100

　　贷：其他应收款　　　　　　　　　　　　　　　　　100

（7）通过银行账户缴纳企业所得税 10 万元。

借：应交税费——应交企业所得税　　　　　　　　　100 000

　　贷：银行存款　　　　　　　　　　　　　　　　　100 000

　　除了日常业务的处理外，银行余额调节表的编制也是一项十分重要的工作。银行余额调节表，是在银行对账单余额与企业账面余额的基础上，各自加上对方已收、本单位未收账项数额，减去对方已付、本单位未付账项数额，以调整双方余额使其一致的一种调节方法。

　　银行余额调节表的编制方法如下。

　　（1）企业调节后存款余额＝企业账面银行存款余额＋银行已收而企业未收账项－银行已付而企业未付账项。

　　（2）银行对账单调节后的存款余额＝银行对账单存款余额＋企业已收而银行未收账项－企业已付而银行未付账项。

　　（3）银行对账单存款余额＋企业已收而银行未收账项－企业已付而银行未付账项＝企业账面银行存款余额＋银行已收而企业未收账项－银行已付而企业未付账项。

🔍【案例分析】　>>>>

　　A 公司某月末账面银行存款余额为 36 500 元，银行对账单余额为 38 300 元，经核对有下列未达账项。

　　（1）企业于月末存入转账支票 3 000 元，银行尚未入账。

　　（2）企业于月末开出转账支票 2 500 元，银行尚未入账。

　　（3）企业委托银行代收的境外货款 5 000 元，银行已收到入账，企业未收到银行通知，尚未入账。

　　（4）企业委托银行代缴电费 2 700 元，银行已入账，企业未收到银行通知，尚未入账。

　　A 公司的银行余额调节表编制如表 3.2 所示。

表 3.2　A 公司银行余额调节表

（单位：元）

项目	金额	项目	金额
企业银行存款日记账余额	36 500	银行对账单余额	38 300
加：银行已收、企业未收款	5 000	加：企业已收、银行未收款	3 000
减：银行已付、企业未付款	2 700	减：企业已付、银行未付款	2 500
调节后存款余额	38 800	调节后存款余额	38 800

第4章
工业企业采购环节的会计处理

采购环节在企业成本管理和成本控制中具有重要的地位和作用。采购环节是企业获取竞争优势的关键职能之一，是企业实现战略目标和商业目标的重要保障。如果管理不到位，就会导致企业成本得不到有序的管理，损害企业利益。

在实际工作中，很多小企业的采购业务往往与财务业务相分离，导致财务核算工作脱离实际情况，影响财务核算的真实性，同时削弱了财务的监督职能。因此，为了降低企业采购成本和加强企业的监督职能，完善企业的财务核算工作，必须对企业采购环节的业务给予十分的重视。

本章将介绍工业企业在采购环节的相关业务流程，结合业务流程介绍采购环节的相关会计处理，主要涉及的知识点有：

- 采购环节的主要业务活动
- 采购环节的会计处理
- 采购付款和月末对账

4.1 采购环节的主要业务活动

本节通过介绍采购部门的职责和采购环节的主要业务活动，让读者对企业的采购活动有一定的了解，有助于理解以后环节的账务处理。

4.1.1 采购部门的主要职责

采购部门的主要职责包括但不限于以下流程。

（1）负责制定、修改采购管理制度、流程。

（2）负责制订采购计划和采购预算。

（3）负责调查采购市场，包括资源分布情况、供应商情况、品种质量、价格情况等，并掌握供货渠道。

（4）负责供应商的准入、初步评审、年度评估，合格供应商的管理及更新，以及供应商档案资料的管理。

（5）负责实施采购计划。

（6）负责采购谈判管理，包括确定价格、交货期、质量及价款结算等相关条件。

（7）负责组织实施比质比价流程。

（8）负责签署采购合同或编制采购订单，规范合同的签订，降低采购的风险。

（9）负责采购预付货款及结算货款的申请，避免因盲目采购而造成资金积压。

（10）负责采购物资的质量跟踪，以及呆料、废料的预防及处理。

（11）负责物料信息管理，包括建立物料编码规则。

（12）负责建立采购管理台账。

（13）负责与财务部及供应商定期对账。

（14）负责控制采购价格、采购成本及建立成本分析机制。

（15）负责与采购活动相关的其他工作。

4.1.2　采购环节的主要业务活动

每一家企业的采购业务活动视企业的实际经营情况会有所不同，但大多数工业企业采购环节都包含以下流程。

（1）确定需求：由生产部提出需求，采购部结合仓务部提供的该需求物品库存数量，制订采购计划。

（2）选择供应商：采购部应至少比对 3 家供应商，然后选择性价比最高的一家。

（3）订单处理：采购部与供应商签订合同，落实采购计划。

（4）物料接收：采购部与质检部、仓务部共同对物料进行验收并办理入库，确保质量合格及数量相符。

（5）发票校验：采购部应要求供应商提供所采购物料的全部增值税发票，不得以收据代替，并将发票交予财务部，核对无误后方可入账。

（6）付款：采购部应根据合同上约定的履约进度办理付款业务，把所有付款所需凭证交予财务部，由财务部负责付款。

4.2　采购环节的会计处理

企业采购不同的物资，有不同的会计处理方法。本节主要介绍采购原材料和低值易耗品等物资的会计处理，包括采用实际成本法和计划成本法采购材料的会计处理差异以及低值易耗品采购和摊销的会计处理。

4.2.1　材料采购的会计处理

材料采购，是指企业对生产所需原材料的采购，包括主要材料、辅助材料、包装材料和燃料等。原材料是企业存货的重要组成部分。

原材料采购成本，是指企业从外部购入原材料等所实际发生的全部支出，具体包括：

（1）买价；

（2）运杂费（包括运输费、装卸费、保险费、仓储费等）；

（3）运输途中的合理损耗；

（4）入库前的挑选整理费用；

（5）购入材料负担的税金和其他费用。

原材料成本核算方法分为实际成本法和计划成本法。实际成本法是指材料采用实际成本核算时，无论是总分类核算还是明细分类核算，材料的收发及结存均按照企业实际发生的成本计价。计划成本法是指材料采用计划成本核算时，无论是总分类核算还是明细分类核算，材料的收发及结存均按照企业预先设定的成本计价。企业采用不同的成本核算方法，采购环节的会计处理会有所不同。

原材料按实际成本法核算时，主要会计处理如下。

（1）购入材料并办理入库，货款已支付：

借：原材料

　　应交税费——应交增值税（进项税额）

　　贷：银行存款

（2）货款已经支付，但材料尚未到达或尚未验收入库：

借：在途物资

　　应交税费——应交增值税（进项税额）

　　贷：银行存款

材料到达且办理入库后：

借：原材料

　　贷：在途物资

（3）货款尚未支付，材料已经验收入库：

借：原材料

　　应交税费——应交增值税（进项税额）

　　贷：应付账款

实际支付货款时：

借：应付账款

　　贷：银行存款

（4）材料已验收入库，但尚未办理结算，材料应按照暂估价格入账：

借：原材料

　　贷：应付账款——应付暂估账款

下月结算并收到发票，应冲销原暂估金额，并按照实际金额入账：

借：原材料（原暂估金额红字）

　　贷：应付账款——应付暂估账款（原暂估金额红字）

借：原材料

　　应交税费——应交增值税（进项税额）

　　贷：应付账款

原材料按计划成本法核算时，主要会计处理如下。

（1）购入材料并办理入库，货款已支付：

以实际成本购入材料：

借：材料采购（借方，按实际成本核算）

　　应交税费——应交增值税（进项税额，按实际税额核算）

　　贷：银行存款

材料按计划成本入库：

借：原材料（计划成本）

　　贷：材料采购（贷方，按计划成本核算）

结转材料成本差异：

借：材料成本差异（借方为超支）

　　贷：材料采购

或做相反分录，材料成本差异贷方为节约。

（2）货款已经支付，但材料尚未到达或尚未验收入库：

借：材料采购（借方，按实际成本核算）

　　应交税费——应交增值税（进项税额）

　　贷：银行存款

材料到达且办理入库后：

借：原材料（计划成本）

　　贷：材料采购（贷方，按计划成本核算）

结转材料成本差异：

借：材料成本差异（借方为超支）

　　贷：材料采购

或做相反分录，材料成本差异贷方为节约。

（3）货款尚未支付，材料已经验收入库。

借：材料采购（借方，按实际成本核算）

　　应交税费——应交增值税（进项税额）

　　贷：应付账款

借：原材料（计划成本）

　　贷：材料采购（贷方，按计划成本核算）

结转材料成本差异：

借：材料成本差异（借方为超支）

　　贷：材料采购

或做相反分录，材料成本差异贷方为节约。

（4）材料已验收入库，但尚未办理结算，材料应按照暂估价格入账。

🔍【案例分析】 ⟩⟩⟩⟩

　　A公司为一家制造型企业，是增值税一般纳税人，于1月购入一批原材料，不含税金额为10 000元，增值税税率为13%，支付运费1 000元及装卸费500元，原材料已验收入库，货款已通过银行存款支付。A公司采用实际成本法核算存货成本。

　　会计处理如下。

借：原材料　　　　　　　　　　　（10 000+1 000+500）11 500

　　应交税费——应交增值税（进项税额）　　　　　　　　1 300

　　贷：银行存款　　　　　　　　　　　　　　　　　　　12 800

🔍【案例分析】 ⟩⟩⟩⟩

　　A公司为一家制造型企业，是增值税一般纳税人，于1月购入一批原材料，不含税金额为10 000元，增值税税率为13%，原材料已验收入库，货款尚未支付。A公司采用实际成本法核算存货成本。

　　会计处理如下。

借：原材料 10 000

应交税费——应交增值税（进项税额） 1 300

贷：应付账款 11 300

沿用本案例，若 A 公司采用计划成本法核算存货成本，则该批材料的计划成本为 9 000 元。

会计处理如下。

借：材料采购 10 000

应交税费——应交增值税（进项税额） 1 300

贷：应付账款 11 300

借：原材料 9 000

贷：材料采购 9 000

借：材料成本差异 1 000

贷：材料采购 1 000

第二、第三笔分录可以合成一笔来做，此时"材料采购"科目余额为 0，"材料成本差异"科目余额为借方 1 000 元，这表明实际采购的金额比计划金额超支了 1 000 元。

4.2.2　其他物资采购的会计处理

除了采购原材料以外，企业在日常经营中还会采购其他物资，包括低值易耗品、办公用品、固定资产和无形资产等。固定资产和无形资产的采购在后面的章节中会详细讲解，本章主要讲述企业的低值易耗品采购的会计处理。

低值易耗品，是指单项价值在规定限额以下并且使用期限不满一年，能多次使用且基本保持其实物形态的劳动资料。简单地说，低值易耗品就是价值低、使用时间短、企业在日常经营中经常用到的生产用品。在现行的会计处理方法中，低值易耗品与包装物通常都归到"周转材料"的会计科目下。低值易耗品采购的会计处理相对简单，难点在于采购入库后的后续处理。目前常用的后续摊销方法主要有 4 种，分别是一次摊销法、五五摊销法、分期摊销法和净值摊销法。

一次摊销法是指在领用低值易耗品时，将其价值全部一次转入产品成本的方法。这种方法适用于价值低、使用期限短，或易于破损的物品，如玻璃器皿等。因为账务处理简单，后续无须再做任何处理，所以这种方法在企业中使用范围最为广泛。

五五摊销法是指在领用低值易耗品时先摊销其价值的50%，报废时再摊销其价值的50%的方法。这种方法适用于每月领用数和报废数比较均衡的低值易耗品。

分期摊销法是根据领用低值易耗品的原值和由预计使用期限计算的每月平均摊销额，将其价值分月摊入产品成本的方法。这种方法适用于期限较长、单位价值较高，或一次领用数量较多的低值易耗品。这种摊销方法的原理与固定资产折旧原理相似，只是摊销期限不可大于一年。

净值摊销法是根据使用部门、单位当期结存的在用低值易耗品净值和规定的月摊销率，计算每月摊销额而计入产品成本的方法。这种方法适用于种类复杂、数量多、难以按件计算摊销额的低值易耗品。由于计算复杂，再加上低值易耗品本身价值不高，所以企业很少采用这种方法。

Q 【案例分析】 ＞＞＞＞

A公司为一家制造型企业，是增值税一般纳税人，1月采购一批维修工具，不含税金额为1 000元，增值税税率为13%，维修工具已验收入库，货款尚未支付。维修人员于1月末领用该批工具，A公司采用一次摊销法摊销低值易耗品。

会计处理如下。

购入工具并办理入库时：

借：周转材料——低值易耗品	1 000
应交税费——应交增值税（进项税额）	130
贷：应付账款	1 130

如果是生产部门领用该批维修工具：

借：制造费用	1 000
贷：周转材料——低值易耗品	1 000

如果是管理部门或销售部门领用该批维修工具：

借：管理费用（销售费用）	1 000
贷：周转材料——低值易耗品	1 000

沿用本案例，假设A公司采用五五摊销法摊销低值易耗品，该批维修工具

由管理部门人员领用。

会计处理如下。

购入工具并办理入库时：

借：周转材料——低值易耗品——在库	1 000
应交税费——应交增值税（进项税额）	130
贷：应付账款	1 130

管理部门人员领用该批维修工具时：

借：管理费用	500
周转材料——低值易耗品——在用	500
贷：周转材料——低值易耗品——在库	1 000

工具报废时：

借：管理费用	500
贷：周转材料——低值易耗品——在用	500

假如该批维修工具有残值，残值回收金额应冲减相关费用。

假设该批维修工具报废后，出售废品收到现金 50 元。

会计处理如下。

借：库存现金	50
贷：管理费用	−50

实务中，冲减费用的分录一般用借方红字（即借方的负数）填制。

4.3　采购付款和月末对账

除了进行会计处理外，采购付款和月末对账也是企业必不可少的环节。企业应根据合同履行进度支付相关采购货款，严格执行资金支付制度，保障企业的权益，并按流程与供应商进行对账，确保相关业务准确无误。

4.3.1　采购付款

采购部门在相关人员办理完采购物资验收入库工作后，应尽快从供应商处取得采购发票，采购物资和采购发票核对一致后，应根据采购合同或订单约定的付款期限，填制付款申请单的相关信息，并后附验收单、入库单、采购发票等相关原始凭证，发起付款申请审批流程。

财务部门复核付款申请单，主要复核的内容包括付款金额的核算是否正确；验收单、入库单、采购发票等相关原始凭证是否与采购事项一致；收款方是否与采购发票的开具方一致，是否与采购合同或订单的签订方一致；付款金额是否已编报资金计划，是否在资金计划的范围内；付款方式是否符合公司利益；等等。经复核无误的，由财务部门负责人签名确认。

经审核并确认的付款申请单由总经理进行审批，签名确认后交给财务部出纳付款处理。

在未收到采购物资并须提前预付货款时，同样须由采购部门人员填制付款申请单，并按上述审批流程审批后支付。

经审批确认的付款申请单交予出纳，出纳在支付款项前，应独立复核所有的审批手续是否齐全、所有的原始凭证与付款申请是否相符等，再根据付款方式办理款项支付手续。须支付现金的，由出纳支付现金，并加盖现金付讫章或签名确认，并经领款人签收后将相关原始凭证转交会计人员进行账务处理。须通过网银支付或办理银行汇兑的，经网银支付或银行支付审批流程后办理，并将相关原始凭证转交会计人员进行账务处理。出纳在办理完资金支付后，应根据支付的款项登记现金日记账或银行日记账。付款申请单的样式如表4.1所示。

表 4.1　付款申请单样式

××××××有限公司
付款申请单

申请部门		申请时间	
收款单位		总金额	
收款单位开户银行		已付金额	
收款单位银行账号		本次申请金额	
事由			

审批人：	财务审核：	部门审核：	经办人：

4.3.2　月末对账

企业在每月末还应该进行对账工作，以确保本月所发生的业务核算无误。月末对账工作分为内部对账和外部对账，内部对账是指有关业务部门与本企业财务部门进行对账，外部对账是指本企业与供应商进行对账。

采购人员应定期与财务人员进行对账，时间最好定在每月末，因为一般这时候财务人员已经完成了相关账务处理。与财务人员对账的主要内容包括收货情况、款项支付情况以及应付账款明细余额情况等。对账应采用书面形式，在核对一致时，应由采购人员及财务人员共同签名确认；核对不一致时，应查明原因，并与财务人员进行沟通，及时进行处理。

采购人员与财务部对账一致后，应及时与供应商对账，与供应商对账的主要内容包括采购数量、采购单价、采购金额、预付款情况及应付款余额等。对账应采用书面形式，核对一致时，应由供应商跟单人员签名并加盖公章后回寄给采购人员，如果因供应商原因不能加盖公章，至少应要求供应商书面授权相关人员签名生效；核对不一致时，应查明原因，并与供应商进行沟通，及时进行处理。对账单的样式如表 4.2 所示。

表 4.2　对账单样式

供应商名称				日期	
日期	上期余额	本期采购数量	本期采购金额	本期支付金额	期末余额
1 月 31 日	10 000				
2 月 5 日		80	8 000		
2 月 10 日				15 000	
2 月 28 日					3 000
1. 信息确认无误。			2. 信息不符，请列明不符项目及具体内容：		
_____公司（盖章） ____年___月___日 经办人：			_____公司（盖章） ____年___月___日 经办人：		

第 5 章
工业企业生产环节的会计处理

工业企业生产环节的业务活动，是区分工业企业与其他类型企业最显著的特征。生产环节的会计处理，是整个工业企业会计系统中最重要的部分。生产环节是企业成本的主要来源之一，直接影响企业的成本和利润，继而对企业的所得税产生影响。由于生产环节的独特性和重要性，因此该环节也是财务造假现象的高发领域。

目前，大多数企业对工业企业成本会计核算不够重视，在工业企业成本会计核算上缺乏合理性和规范性，没有确立一个监督机制来有效控制工业企业成本会计核算，导致很多企业为了少交所得税而随便编造生产成本，在给国家带来损失的同时造成了企业税务和法律上的风险。因此，企业应加强对成本会计核算的重视，加强对成本会计核算的监督和控制，确保成本会计核算的准确性和合理性。同时，应加强对企业会计人员的培训和继续教育，提高会计人员的专业素质和技能水平，确保企业会计信息的准确性和完整性。

生产环节的会计处理，主要包括生产过程中对料（直接材料）、工（直接人工）、费（制造费用）的归集和结转，生产成本的核算以及存货的核算等内容，学习难度较大。

本章将介绍工业企业生产环节的相关会计处理，本章十分重要，难度也较大，主要涉及的知识点有：

- 存货的概念和计量
- 生产成本的归集和分配
- 完工产品和在产品成本的分配
- 联产品和副产品成本的分配
- 产品成本的计算方法

5.1 存货的概念和计量

企业进行产品成本核算，最终的结果通过企业资产负债表上"存货"项目所列示的金额反映出来。因此，在学习计算产品成本之前，应当先对企业的存货有充分的理解，包括存货的概念、初始计量和收发计量等。

5.1.1 存货的概念

存货是指企业在日常经营活动中持有以备出售的产成品或商品、处在生产过程中的在产品、在生产过程或提供劳务过程中耗用的材料和物料等。在很多人的认知中，存货是指企业用以出售的库存商品，但在工业企业会计领域，存货的范围要广得多，主要包括原材料、在产品、半成品、发出商品、产成品、周转材料等。

5.1.2 存货的初始计量

存货按其取得方式的不同，可分为两种类型：外购存货和自制存货。存货的初始计量原则是按实际成本入账。在前面的章节已经讲到，外购存货的成本即存货的采购成本，是指企业从外部购入存货所实际发生的全部支出，包括购买价款、运输费、装卸费、保险费、运输途中的合理损耗以及其他可归属于存货采购成本的费用。而自制存货，包含在产品、半成品、库存商品，其成本由采购成本和加工成本构成。加工成本就是企业在加工存货过程中发生的直接材料费用、直接人工费用和制造费用按照一定的原则归集和分摊后的成本。

5.1.3 存货的收发计量

存货计价方法的选择是制定企业会计政策的一项非常重要的内容。《企业会计准则》中规定："各种存货发出时，企业可以根据实际情况，选择使用先进先出法、加权平均法、移动加权平均法、个别计价法等方法确定其实际成本。"《企业会计准则》明确规定企业可以根据自身经营情况选择其中一种计价方式核算存货成本，一经选定不得随意变更，而且改变存货计价方法属于会计政策变更。

1. 先进先出法

先进先出法是假定企业先收到的存货先发出或者先领用，并根据这种假定的存货流转次序对发出存货和期末存货进行计价的一种方法。采用这种方法，先购进的存货先登记入库，后续领用存货的时候成本先转出。

该方法的优点是企业可以随时结转存货发出成本，无须进行加权平均计算；缺点是当存货收发业务较多时，工作量较大，尤其是当存货价格变动较大时，使用这种方法容易使财务数据失真。举个例子，企业先以低价购进一批存货，后来存货价格翻了一倍，企业再购进另外一批，然后生产领用了其中一批存货，如果企业使用先进先出法对存货进行计价，那么先结转了先购入的低价存货，使得当期成本偏低，而结存的那一批存货则接近市场价值，最终就会使企业高估了本期利润和存货价值。

2. 加权平均法

加权平均法也叫全月一次加权平均法，是指企业根据期初存货结存的数量及金额和本期收入存货的数量及金额，月末一次计算存货的本月加权平均单价，作为计算本期发出存货成本和期末结存成本的单价，以求得本期发出存货成本和期末库存存货成本的一种方法。其计算公式为

$$存货加权平均单位成本 = （期初结存存货成本 + 收入存货成本）/（期初结存存货数量 + 收入存货数量）$$

$$本期发出存货成本 = 本期发出存货数量 \times 存货加权平均单位成本$$

$$期末库存存货成本 = 期末库存存货数量 \times 存货加权平均单位成本$$

该方法的优点是计算比较简单，只在月末一次计算加权平均单价，而且加权平均计算出来的单位成本平均化，对存货成本的分摊较为折中，受存货单价变动的影响也相对较小；缺点是只有月末结账时才计算存货平均成本，不利于

日常管理和核算的及时性。

3. 移动加权平均法

移动加权平均法是指企业按照实际成本进行材料明细分类核算时，以各批材料收入数量和上批结余材料数量为权数，计算材料平均单位成本的一种方法。其原理及计算方法与加权平均法类似，不同点在于使用这种计价方法，每收入一批材料须重新计算一次加权平均单价，作为领用材料的单位成本，无须等到月末再统一计算。

该方法的优点是解决了加权平均法核算不及时的问题，计算结果也相对均衡和准确；缺点是当每月的存货品种较多、存货收发业务比较频繁时，计算量会十分大。

一般工业企业使用最多的就是加权平均法和移动加权平均法。

4. 个别计价法

个别计价法也称个别认定法，是指以每批次收入存货的实际成本作为计算该批次发出存货成本依据的一种方法。这种方法强调存货进、出一一对应的关系，适用于一般不能替代使用的存货、为特定项目专门购入或制造的存货等。

该方法的优点是成本计算准确，符合实际情况；缺点是在存货收发业务比较频繁的情况下，需要一一分辨各种存货成本，工作量较大。

【案例分析】

A公司为一家制造型企业，月初结存甲材料100千克，每千克实际成本为100元，本月购入甲材料300千克，每千克购入成本为120元，本月领用甲材料200千克。假设A公司采用加权平均法对存货进行计价。

购入甲材料后，库存甲材料平均成本 =（100×100+120×300）÷（100+300）=115（元）

领用甲材料的成本 =115×200=23 000（元）

结存甲材料的成本 =115×（100+300-200）=23 000（元）

假设A公司采用先进先出法对存货进行计价。

购入甲材料后，库存甲材料总成本 =100×100+120×300=46 000（元）

领用 200 千克甲材料时，先领用原库存的 100 千克，再领用后购入的 100 千克。

领用甲材料的成本 =100×100+120×100=22 000（元）

结存甲材料的成本 =46 000-22 000=24 000（元）

5.1.4　存货期末计量

在每个资产负债表日，企业都应该对库存进行减值测试，存货按照成本与可变现净值孰低计量，对于存货成本高于其可变现净值的部分，应计提存货跌价准备，计入当期损益；原先计提跌价准备的因素消失后，应及时转回已经计提的准备金，调整当期资产减值损失金额。

5.2　生产成本的归集和分配

对于工业企业而言，产品成本包括生产成本和非生产成本。其中，生产成本是为制造产品所发生的所有成本，包括基本生产成本和辅助生产成本。基本生产成本是指基本生产车间所发生的成本，一般包括材料费用、职工薪酬和制造费用等；辅助生产成本是指为辅助基本生产所发生的生产费用总和，一般包括水费、电费、燃气费、运输费和修理费等辅助费用。生产成本对应的会计科目分别为"直接材料"、"直接人工"、"燃料和动力"和"制造费用"。非生产成本就是期间费用，一般包括销售费用、管理费用和财务费用，它们不构成产品的制造成本。这里主要讨论的是工业企业的生产成本。

工业企业的生产成本按其计入成本对象的方式可分为直接成本和间接成本。直接成本是指与成本对象直接相关联的，可以用经济合理的方式直接追溯到成本对象的成本。间接成本是指与多个成本对象相关联的，不能用一种经济合理的方式直接追溯到某一特定成本对象，而需要采用一定的分配方法在相关成本对象之间进行分配的成本。一项成本是直接成本还是间接成本，是就特定的成本对象而言的。工业企业产品成本中的材料成本、人工成本，可以是直接成本，也可以是间接成本。制造费用通常是间接成本，须在企业生产的不同产品之间进行分配。但当企业只生产一种产品时，制造费用可以直接计入该产品，属于直接成本。

成本计算的准确性，取决于直接成本在成本中的占比大小及间接成本分配的科学性。直接成本占比越大，成本越准确；间接成本分配标准选择得越科学、合理，间接成本分配得越准确。

5.2.1　材料费用的归集和分配

工业企业在生产过程中，需要消耗大量的材料，包括主要材料、辅助材料和各种周转材料等。有些材料是直接用于产品生产的，如用于构成产品实体的主要材料和有助于产品形成的辅助材料，应按照成本项目进行归集，计入"直接材料"科目；有些材料是作为生产燃料的，应计入"燃料和动力"科目；有些材料是用于维修生产设备和维护生产活动的，应计入"制造费用"科目。

用于产品生产的主要材料，如制造机械用的钢铁、纺织用的棉花、冶炼用的矿石等，一般是按照产品分别领用的，应根据领料凭证直接计入相应产品的"直接材料"科目。对于不能对应产品领用的材料，如一些材料是被多种产品共同耗用的，则要采用一定的分配方法，将材料成本分配计入各相关产品成本中。在消耗定额比较准确的情况下，企业可采用材料定额消耗量比例或材料定额成本比例进行分配，其计算公式为

材料费用分配率 = 材料总实际成本 ÷ 各种产品材料定额成本之和

某种产品应分配的材料费用 = 该种产品的材料定额成本 × 材料费用分配率

🔍 【案例分析】》》》》》

A公司为一家制造型企业，本月实际领用原材料600千克，单价为100元/千克，原材料成本合计60 000元。其中生产甲产品100件，甲产品消耗定额为2千克/件；生产乙产品200件，乙产品消耗定额为1.5千克/件。甲、乙两种产品的材料费用分配如下。

材料费用分配率 =60 000÷（100×2+200×1.5）=120（元）

甲产品应分配的材料费用 =100×2×120=24 000（元）

乙产品应分配的材料费用 =200×1.5×120=36 000（元）

合计：24 000+36 000=60 000（元）

主要材料费用除了可以用定额比例法分配外，还可以采用其他方法，比如按照不同产品的产量或重量分配。辅助材料费用计入产品成本的方法，与主要材料的方法相同。

企业生产耗用的主要材料、辅助材料等材料费用，应记入"生产成本"科目的借方，在明细账中还要按"直接材料""燃料和动力"科目分别反映。用于辅助生产的材料费用、生产车间为组织和管理生产所发生的材料费用，应分别记入"生产成本——辅助生产成本""制造费用"等科目及其明细账的借方。在实务工作中，企业可编制材料费用分配表来统计相关材料费用。

【案例分析】

A 公司为一家制造型企业，本月发生的材料费用如表 5.1 所示。

表 5.1　材料费用分配一览

应借科目			共同耗用原材料的分配					直接领用的原材料（元）	耗用原材料总额（元）
总账及二级科目	明细科目	成本或费用项目	产量（件）	单位消耗定额（千克）	定额消耗用量（千克）	分配率（元）	应分配材料费（元）		
生产成本——基本生产成本	甲产品	直接材料	100	2	200		24 000	30 000	54 000
	乙产品	直接材料	200	1.5	300		36 000	40 000	76 000
	小计				500	120	60 000	70 000	130 000
生产成本——辅助生产成本	供电车间	直接材料						2 000	2 000
	锅炉车间	直接材料						3 000	3 000
	小计							5 000	5 000
制造费用	基本车间	机物料消耗						6 000	6 000
合计							60 000	81 000	141 000

A 公司的会计处理如下。

借：生产成本——基本生产成本　　　　　　　　　　　130 000

　　　　　　——辅助生产成本　　　　　　　　　　　　5 000

　　制造费用　　　　　　　　　　　　　　　　　　　　6 000

　　贷：原材料　　　　　　　　　　　　　　　　　　　　　141 000

5.2.2　职工薪酬的归集和分配

职工薪酬，是指企业为获得职工提供的服务而给予各种形式的报酬以及其他相关支出，既包括提供给职工本人的薪酬，也包括提供给职工配偶、子女或其他被赡养人的福利等。

职工薪酬的分配须划清计入产品成本与期间费用和不计入产品成本与期间费用的职工薪酬界限。应计入产品成本的职工薪酬，应按成本项目归集：企业直接从事产品生产人员的职工薪酬，在计时工资制下，按车间生产的产品直接计入产品成本的"生产成本——直接人工"科目；企业为组织和管理生产所发生的管理人员的职工薪酬，计入产品成本的"制造费用"科目；企业行政管理人员的职工薪酬，作为期间费用列入"管理费用"科目；企业销售人员的职工薪酬，作为期间费用列入"销售费用"科目。

如果企业发生的生产工人职工薪酬是能和生产的产品——对应的，那么生产工人的职工薪酬就属于直接费用，可直接计入对应产品的生产成本；如果企业生产工人的职工薪酬不能和生产的产品——对应，就要采取一定的分配方法在各种产品之间进行成本的分配。生产工人职工薪酬费用的分配，一般可采用按产品实际生产工时比例分配的方法，其计算公式为

职工薪酬费用分配率＝生产工人职工薪酬总额 ÷ 各种产品实际生产工时之和

某种产品应分配的职工薪酬费用＝该种产品实际生产工时 × 职工薪酬费用分配率

如果企业无法取得各种产品的实际生产工时或者取得实际生产工时需要付出极大代价，违反了成本节约的原则，企业可以采取按产品定额生产工时比例分配的方法，其计算公式为

职工薪酬费用分配率＝生产工人职工薪酬总额 ÷ 各种产品定额生产工时之和

某种产品应分配的职工薪酬费用＝该种产品定额生产工时 × 职工薪酬费用分配率

在实务工作中，企业可根据人力资源部门提供的工资汇总表和生产部门提供的生产月报表编制职工薪酬分配表，进而统计相关人工费用。

🔍 【案例分析】 〉〉〉〉

A公司为一家制造型企业，本月生产甲、乙两种产品。甲产品分两道工序，第一道工序由专门的生产工人单独完成，该部分的人工成本能单独计算；第二

道工序和乙产品共同生产，按实际生产工时比例分配相关人工成本。企业本月的职工薪酬分配如表 5.2 所示。

表 5.2　职工薪酬分配

应借科目		工资				其他职工薪酬（元）	职工薪酬合计（元）
总账及二级科目	明细科目	分配标准（工时）	生产人员工资（20元/工时）	管理人员工资（元）	工资合计（元）		
生产成本——基本生产成本	甲产品				100 000	12 000	112 000
生产成本——基本生产成本	甲产品	4 000	80 000		80 000	10 000	90 000
	乙产品	6 000	120 000		120 000	15 000	135 000
	小计	10 000	200 000		200 000	25 000	225 000
生产成本——辅助生产成本	供电车间		15 000		15 000	2 000	17 000
	锅炉车间		10 000		10 000	1 500	11 500
	小计		25 000		25 000	3 500	28 500
制造费用	基本车间			5 000	5 000	800	5 800
	供电车间			3 000	3 000	500	3 500
	锅炉车间			3 000	3 000	500	3 500
小计				11 000	11 000	1 800	12 800
合计					336 000	42 300	378 300

A 公司的会计处理如下。

借：生产成本——基本生产成本　　　　　　　　　337 000

　　　　　　——辅助生产成本　　　　　　　　　 28 500

　　制造费用——基本车间　　　　　　　　　　　　5 800

　　　　　　——供电车间　　　　　　　　　　　　3 500

　　　　　　——锅炉车间　　　　　　　　　　　　3 500

　　贷：应付职工薪酬　　　　　　　　　　　　　378 300

5.2.3　制造费用的归集和分配

制造费用是指企业各生产单位为组织和管理生产而发生的各项间接费用，

包括车间管理人员职工薪酬、固定资产折旧费、修理费、水电费、机物料消耗、劳动保护费、排污费以及其他与产品生产有关的间接费用。

企业发生的各项制造费用，应通过"制造费用"科目归集并按照前面所述的生产成本的分配方法进行分配。企业可以按照经营和管理的需求，根据制造费用性质和用途的不同，在"制造费用"科目下设置二级科目，进行明细核算。企业如果只生产一种产品，制造费用可直接计入该产品成本。如果企业生产多种产品，就需要采用合理的分配方法，将制造费用分配计入各种产品成本。企业将制造费用分配计入产品成本的方法，一般包括实际人工工时、定额人工工时、机器加工工时和直接人工费用等方法。按比例分配制造费用的计算公式为

制造费用分配率 = 制造费用总额 ÷ 各种产品生产实际人工工时

（或定额人工工时、机器加工工时）之和

某种产品应分配的制造费用 = 该种产品工时数 × 制造费用分配率

归集在"制造费用"科目借方的各项费用，月末时应全部转入"生产成本"科目，计入产品的生产成本，"制造费用"科目一般月末没有余额。结转制造费用的会计分录如下。

借：生产成本

　　贷：制造费用

🔍 【案例分析】 ＞＞＞＞＞

A公司为一家制造型企业，本月生产甲、乙两种产品。其中生产甲产品实际人工工时为 60 000 小时，生产乙产品实际人工工时为 40 000 小时，本月合计发生制造费用 200 000 元，A公司按实际人工工时分配制造费用。

制造费用分配率 =200 000÷（60 000+40 000）=2（元 / 小时）

甲产品应分配的制造费用 =60 000×2=120 000（元）

乙产品应分配的制造费用 =40 000×2=80 000（元）

A公司的会计分录如下。

借：制造费用　　　　　　　　　　　　　　　　　　　　200 000

　　贷：应付账款（或累计折旧、应付职工薪酬等）　　　　200 000

月末结转制造费用时：

借：生产成本——基本生产成本——甲产品　　　　　　　120 000

——乙产品　　　　　　　　　　80 000

　贷：制造费用　　　　　　　　　　　　　　　200 000

5.2.4　辅助生产费用的归集和分配

　　辅助生产是为基本生产服务的。辅助生产费用的归集和分配，是通过"生产成本——辅助生产成本"科目进行的。辅助生产发生的直接材料、直接人工费用，记入"生产成本——辅助生产成本"科目及其明细账的借方；辅助生产发生的间接费用，应先记入"制造费用"科目的借方进行归集，然后从该科目的贷方直接转入或分配转入"生产成本——辅助生产成本"科目及其明细账的借方。"生产成本——辅助生产成本"科目的借方余额表示辅助生产的在产品成本。

　　一些大型的工业企业会设有供电车间、锅炉车间等专门的动力车间，动力车间发生的费用单独核算，按其用途进行分配。直接用于产品生产的动力费用，应计入"生产成本"科目的借方，明细账按"燃料和动力"科目进行核算；动力车间发生的管理人员职工薪酬，应计入"制造费用"科目的借方；动力车间发生的与产品生产无关的费用，应按其实际用途计入"管理费用""在建工程"等科目。

　　在实务工作中，很多企业没有设置专门的动力车间，其发生的水费、电费及其他动力费用都是从外部购进，这时往往按照购入成本计入"制造费用"科目，然后根据产品生产情况进行分配，这种做法也是合理的。

　　辅助生产车间提供的产品和劳务，主要是为基本生产车间和管理部门使用和服务的，但在某些辅助生产车间之间也有相互提供产品和劳务的情况。例如，锅炉车间为供电车间供气取暖，供电车间也为锅炉车间提供电力。因此，为了计算供气成本，就要确定供电成本；为了计算供电成本，又要确定供气成本。这里就存在一个辅助生产成本之间交互分配的问题。辅助生产费用的分配通常可采用直接分配法和交互分配法等方法。

1. 直接分配法

直接分配法是指对辅助生产费用不进行交互分配而直接在辅助生产车间以

外，各受益对象之间进行分配的方法。直接分配法的计算公式如下。

辅助生产费用分配率＝该辅助生产车间费用总额 ÷ 基本生产车间和

其他部门耗用劳务（或产品）总量

某车间应分配的辅助生产费用＝该车间耗用劳务（或产品）总量 ×

辅助生产费用分配率

采用直接分配法，由于各辅助生产费用只是进行对外分配，并只分配一次，计算相对比较简单；但当辅助生产车间相互提供产品或劳务差异较大时，分配结果往往与实际不符。

🔍 【案例分析】 >>>>>

A 公司为一家制造型企业，主要生产甲、乙两种产品。A 公司设有供电车间和锅炉车间两个辅助生产车间，本月供电车间归集入账的费用合计为 84 000 元，锅炉车间归集入账的费用合计为 64 000 元。假设供电车间和锅炉车间两个辅助生产车间发生的费用及提供的劳务数量如表 5.3 所示。

表 5.3　辅助生产车间费用统计

车间部门	供电（千瓦·时）	供气（吨）
供电车间		700
锅炉车间	5 000	
基本生产车间（甲产品）	38 000	8 500
基本生产车间（乙产品）	25 000	6 500
行政管理部门	2 000	300
合计	70 000	16 000
归集入账的费用合计（元）	84 000	64 000

A 公司采用直接分配法对辅助生产费用进行分配。

供电车间辅助生产费用分配率 =84 000 ÷ 70 000=1.2[元 /（千瓦·时）]

锅炉车间辅助生产费用分配率 =64 000 ÷ 16 000=4（元 / 吨）

根据以上数据，各部门分配的辅助生产费用如表 5.4 所示。

表 5.4　各部门分配的辅助生产费用

部门名称	供电车间			锅炉车间			合计（元）
	数量（千瓦·时）	分配率[元/（千瓦·时）]	金额（元）	数量（吨）	分配率（元/吨）	金额（元）	
供电车间				700	4	2 800	2 800
锅炉车间	5 000	1.2	6 000				6 000
基本生产车间（甲产品）	38 000	1.2	45 600	8 500	4	34 000	79 600
基本生产车间（乙产品）	25 000	1.2	30 000	6 500	4	26 000	56 000
行政管理部门	2 000	1.2	2 400	300	4	1 200	3 600
总计	70 000	1.2	84 000	16 000	4	64 000	148 000

A 公司的会计分录如下。

借：生产成本——基本生产成本——甲产品　　　　　　　　79 600

　　　　　　　　　　　　　　　——乙产品　　　　　　　　56 000

　　制造费用　　　　　　　　　　　　　　　　　　　　　8 800

　　管理费用　　　　　　　　　　　　　　　　　　　　　3 600

　　贷：生产成本——辅助生产成本——供电车间　　　　　84 000

　　　　　　　　　　　　　　　——锅炉车间　　　　　　64 000

2. 交互分配法

交互分配法是指根据各辅助生产车间相互提供的产品或劳务的数量和交互分配率，在各辅助生产车间进行一次交互分配费用的方法。

交互分配法主要包括两个步骤：第一步是对内分配，根据各辅助生产车间相互提供的产品或劳务的数量和交互分配前的费用分配率，在各辅助生产车间进行交互分配；第二步是对外分配，将各辅助生产车间交互分配后的实际费用，按对外提供产品或劳务的数量和交互分配后的费用分配率，在辅助生产车间以外的各受益单位之间进行一次直接分配。交互分配法的计算公式如下。

（1）第一步：交互分配（对内分配）

$$交互分配率 = 某辅助生产车间交互分配前发生费用 \div$$

$$该辅助生产车间提供的劳务（或产品）数量$$

$$某辅助生产车间交互分配转出费用 = 该辅助生产车间为其他辅助$$

$$生产车间提供的劳务（或产品）数量 \times 该辅助生产车间交互分配率$$

$$交互分配转入的费用 = 某辅助生产车间供应本车间的劳务（或产品）数量 \times$$

$$该辅助生产车间交互分配率$$

（2）第二步：直接分配（对外分配）

$$某辅助生产车间交互分配后的实际费用 = 该辅助生产车间交互分配前的费用 +$$

$$交互分配转入的费用 - 交互分配转出的费用$$

$$某辅助生产车间对外分配率 = 该辅助生产车间交互分配后的实际费用 \div$$

$$该辅助生产车间对外提供的劳务（或产品）数量$$

$$某车间应分配的辅助生产费用 = 该车间耗用劳务（或产品）总量 \times$$

$$某辅助生产车间对外分配率$$

相比于直接分配法，交互分配法对辅助生产车间相互提供的产品或劳务都进行了交互分配，从而提高了分配结果的准确性；同时，交互分配法要分两步计算，进行两次分配，增加了核算的工作量。

🔍 【案例分析】 ————————————————— >>>>

A 公司为一家制造型企业，主要生产甲、乙两种产品。A 公司设有供电车间和锅炉车间两个辅助生产车间，本月供电车间归集入账的费用合计为 84 000 元，锅炉车间归集入账的费用合计为 64 000 元。假设供电车间和锅炉车间两个辅助生产车间发生的费用及提供的劳务数量如表 5.5 所示。

表 5.5　辅助生产车间费用统计

车间部门	供电（千瓦·时）	供气（吨）
供电车间		700
锅炉车间	5 000	
基本生产车间（甲产品）	38 000	8 500
基本生产车间（乙产品）	25 000	6 500
行政管理部门	2 000	300
合计	70 000	16 000
归集入账的费用合计（元）	84 000	64 000

A公司采用交互分配法对辅助生产费用进行分配。

第一步：交互分配

供电车间交互分配率 =84 000÷70 000=1.2[元 /（千瓦·时）]

锅炉车间交互分配率 =64 000÷16 000=4（元 / 吨）

供电车间交互分配转出费用 =5 000×1.2=6 000（元）

锅炉车间交互分配转出费用 =700×4=2 800（元）

第二步：直接分配

供电车间交互分配后的实际费用 =84 000-6 000+2 800=80 800（元）

锅炉车间交互分配后的实际费用 =64 000-2 800+6 000=67 200（元）

供电车间对外分配率 =80 800÷（70 000-5 000）=1.242[元 /（千瓦·时）]

锅炉车间对外分配率 =67 200÷（16 000-700）=4.39（元 / 吨）

根据以上数据，各部门分配的辅助生产费用如表 5.6 所示。

表 5.6　辅助生产费用分配

项目		供电车间			锅炉车间			合计 / 元
		数量 /（千瓦·时）	分配率 [元 /（千瓦·时）]	分配金额 / 元	数量 / 吨	分配率 /（元 / 吨）	分配金额 / 元	
交互分配费用		70 000	1.2	84 000	16 000	4	64 000	148 000
交互分配	辅助生产车间——供电			2 800	-700		-2 800	
	辅助生产车间——锅炉	-5 000		-6 000			6 000	
对外分配辅助生产费用		65 000	1.24	80 800	15 300	4.3922	67 200	148 000
对外分配	基本生产车间（甲产品）	38 000		47 236.92	8 500		37 333.33	84 570.25
	基本生产车间（乙产品）	25 000		31 076.92	6 500		28 549.02	59 625.94
	行政管理部门	2 000		2 486.16	300		1 317.65	3 803.81
	合计	65 000		80 800	15 300		67 200	148 000

A公司的会计分录如下。

交互分配时：

借：生产成本——辅助生产成本——供电车间　　　　　2 800

　　　　　　　　　　　　　　——锅炉车间　　　　　6 000

　　贷：生产成本——辅助生产成本——锅炉车间　　　　2 800

　　　　　　　　　　　　　　　——供电车间　　　　6 000

直接分配时：

借：生产成本——基本生产成本——甲产品　　　　84 570.25

　　　　　　　　　　　　　——乙产品　　　　59 625.94

　　管理费用　　　　　　　　　　　　　　　　3 803.81

　　贷：生产成本——辅助生产成本——供电车间　　80 800

　　　　　　　　　　　　　　　——锅炉车间　　67 200

　　除了直接分配法和交互分配法外，企业还可以采用代数分配法、顺序分配法和计划成本分配法等方法对辅助生产费用进行分配。

5.3 完工产品和在产品成本的分配

　　通过前面讲到的生产成本的归集和分配，生产过程中的各项成本费用已全部反映在"生产成本——基本生产成本"科目及其明细科目的借方中。将本月发生的成本费用加上期初在产品成本，结合本月完工产品的收发存情况，即可计算出本月产成品成本。

　　本月发生生产费用，以及月初在产品成本、月末在产品成本和本月完工产品成本这四项费用的关系，可用下列公式表述。

　　月初在产品成本＋本月发生生产费用＝本月完工产品成本＋月末在产品成本

　　月初在产品成本＋本月发生生产费用－月末在产品成本＝月末完工产品成本

　　由上述公式可以看出，月初在产品成本在期初已知，本月发生生产费用可从前面的生产成本归集和分配中获得，所以只须算出月末在产品成本，即可求得本月完工产品成本。完工产品和在产品成本的分配方法主要包括不计算在产品成本法、在产品按固定成本计算法、在产品按所耗用原材料成本计算法、在产品按定额成本计算法、定额比例法和约当产量法等。

1. 不计算在产品成本法

采用这种方法的前提条件是虽然月末结存有在产品，但在产品的数量较少、价值较低，而且各月在产品数量比较稳定，从而可对月末在产品成本忽略不计。采用不计算在产品成本法时，企业每月发生的成本完全由完工产品承担，即每月发生的生产成本之和等于每月完工产品成本。

2. 在产品按固定成本计算法

这种方法适用于月末在产品数量较少，或者在产品数量虽然较多，但各月在产品数量比较稳定，月初、月末在产品成本的差额对完工产品成本影响不大的情形。采用这种方法时，各月在产品成本可以按一个固定成本计算，例如以年初成本为固定数，某月发生的生产成本就是该月完工产品成本。年末时，应进行存货盘点，并根据实地盘点的在产品数量重新调整计算在产品成本。

3. 在产品按所耗用原材料成本计算法

这种方法适用于原材料成本在产品成本中所占比重较大且原材料在生产开始时就一次全部投入的情形。采用这种方法时，月末在产品只计算所耗用的原材料成本，不计算其他加工成本，即产品的材料成本需要在完工产品和在产品之间进行分配，其他生产成本全部由完工产品负担。

4. 在产品按定额成本计算法

这种方法适用于月末在产品数量较少或者数量稳定，并且能准确计算定额成本的情形。采用这种方法时，企业应先根据之前的生产情况，结合对同行业同类产品生产的研究调查，计算出比较准确的在产品单位定额成本，月末根据在产品结存数量，算出在产品成本，再根据公式算出产成品成本。

5. 定额比例法

这种方法适用于月末在产品数量变动较大，但各项消耗定额比较准确的情形。采用这种方法时，产品的生产成本在完工产品和月末在产品之间按定额消耗量或定额成本进行比例分配。其中，材料成本按定额消耗量进行比例分配，而其他生产成本按定额工时进行比例分配。定额比例法的计算公式为

材料成本分配率＝（月初在产品实际材料成本＋本月投入的实际材料成本）÷（完工产品定额材料成本＋月末在产品定额材料成本）

完工产品应分配的材料成本＝完工产品定额材料成本 × 材料成本分配率

月末在产品应分配的材料成本＝月末在产品定额材料成本 × 材料成本分配率

人工成本（或制造费用）分配率＝[月初在产品实际工资（或制造费用）＋本月投入的实际工资（或制造费用）]÷（完工产品定额工时＋月末在产品定额工时）

完工产品应分配的人工成本（或制造费用）＝完工产品定额工时 × 人工成本（或制造费用）分配率

月末在产品应分配的人工成本（或制造费用）＝月末在产品定额工时 × 人工成本（或制造费用）分配率

6. 约当产量法

约当产量法，是指月末在产品按其完工程度折算成相当于完工产品数量的计算方法。比如某月末在产品的数量为 100 件，在产品的完工程度为 60%，那么约当产量就是 60 件。如果企业无法准确测算在产品的完工程度，则可以选择 50% 作为其完工程度。这种方法适用于月末在产品数量较多，各月末在产品数量变化较大，产品成本中直接材料和各项加工成本所占的比重相差不大的情形。采用这种方法时，先将月末结存的在产品按其完工程度折算成约当产量，然后将产品应负担的全部生产成本按完工产品产量和在产品约当产量的比例进行分配。约当产量法的计算公式为

在产品约当产量＝在产品数量 × 完工程度

单位成本＝（月初在产品成本＋本月发生生产费用）÷（完工产品产量＋月末在产品约当产量）

完工产品成本＝完工产品产量 × 单位成本

月末在产品成本＝月末在产品约当产量 × 单位成本

Q【案例分析】 ————————————————————————— >>>>

　　A 公司为一家制造型企业，本月开始生产甲产品，月初没有在产品。本月甲产品完工 400 件，月末在产品数量为 200 件，通过测算可知在产品平均完工程度为 50%。本月共发生生产成本 100 000 元。

　　A 公司甲产品月末在产品的约当产量 =200×50%=100（件）

　　甲产品的单位成本 =100 000÷（400+100）=200（元）

　　甲产品完工产品成本 =400×200=80 000（元）

　　甲产品月末在产品成本 =100×200=20 000（元）

　　如果某产品生产需要经过多道工序，则应当分别计算每道工序的约当产量。在具备产品工时定额的条件下，产品完工程度可按每道工序累计单位工时定额除以单位产品工时总定额计算求得。如果每道工序的完工程度无法确定，可按照平均完工程度为 50% 计算。

Q【案例分析】 ————————————————————————— >>>>

　　A 公司为一家制造型企业，本月开始生产甲产品，甲产品的工时定额为 20 个小时，分两道工序完成，第一道工序的工时定额为 12 个小时，第二道工序的工时定额为 8 个小时，假设每道工序的在产品平均完工程度为 50%。

　　甲产品在第一道工序的完工程度 =12×50%÷20×100%=30%

　　甲产品在第二道工序的完工程度 =（12+8×50%）÷20×100%=80%

　　因为第二道工序的在产品是在第一道工序完工后才转入第二道工序的，所以要加上第一道工序的工时定额。值得注意的是，如果企业在生产加工过程中原材料是在生产开始时一次性投入的，这时候无论每件在产品的完工程度如何，都应和每件完工产品负担同样的材料费用；如果原材料是随着生产过程陆续投入的，则应按照各道工序投入的累计材料费用在全部材料费用中所占比例计算在产品的投料程度约当产量，然后根据投料程度约当产量计算在产品应负担的材料费用。

🔍 **【案例分析】** ───────────────────────────────>>>>

　　A公司为一家制造型企业，本月开始生产甲产品，月初没有在产品。假设A公司原材料在生产开始时一次性投入，其他费用随着生产进度陆续发生。本月甲产品完工400件，在产品200件，在产品平均完工程度为50%。甲产品本月耗用直接材料费用600 000元，直接人工费用250 000元，制造费用400 000元。

　　A公司甲产品月末在产品的约当产量=200×50%=100（件）

　　（1）直接材料费用的分配

　　由于原材料是在生产开始时一次性投入的，所以按完工产品和在产品的数量比例进行分配，不必计算约当产量。

　　直接材料单位成本=600 000÷（400+200）=1 000（元）

　　完工产品应负担的直接材料成本=400×1 000=400 000（元）

　　在产品应负担的直接材料成本=200×1 000=200 000（元）

　　（2）直接人工费用的分配

　　直接人工单位成本=250 000÷（400+100）=500（元）

　　完工产品应负担的直接人工成本=400×500=200 000（元）

　　在产品应负担的直接人工成本=100×500=50 000（元）

　　（3）制造费用的分配

　　制造费用单位成本=400 000÷（400+100）=800（元）

　　完工产品应负担的制造费用=400×800=320 000（元）

　　在产品应负担的制造费用=100×800=80 000（元）

　　（4）完工产品和在产品成本的计算

　　甲产品本月完工产品成本=400 000+200 000+320 000=920 000（元）

　　甲产品单位成本=920 000÷400=2 300（元）

　　甲产品本月末在产品成本=200 000+50 000+80 000=330 000（元）

　　甲产品完工入库的会计分录如下。

　　借：库存商品　　　　　　　　　　　　　　　　　　　　920 000

　　　　贷：生产成本——基本生产成本　　　　　　　　　　　　　920 000

5.4 联产品和副产品成本的分配

联产品和副产品有时候会被统称为联副产品，虽然两者经常被一起提及，但两者的意义大不相同，相关的成本核算也不一样。

5.4.1　联产品生产成本的分配

联产品，是指用同一种原材料，通过同一个生产过程生产出来的两种或两种以上的主要产品。例如，炼油厂从原油中同时提炼出价值较大的汽油、煤油、柴油和润滑油等联产品。各种联产品都是企业的主要产品，并且相对价值较高，对企业有较大的贡献。

联产品在分离点以前发生的成本，叫做联合成本。分离点是指生产的产品分离为各种联产品的时点。分离后的联产品，有的可以直接对外销售，有的还需要进一步加工才可以对外销售。

联产品成本的计算，一般分三个步骤完成，主要步骤如下。

（1）计算分离前的联合成本。

（2）在分离点分配联合成本。

（3）计算分离后进一步加工成本。

联产品分离前发生的联合成本，可按一个成本核算对象设置一个成本明细账进行归集，然后将其总额按一定的分配方法在各联产品之间进行分配。分离后按各种产品分别设置明细账，归集其分离后所发生的进一步加工成本。

计算联产品成本时，重点在于用合理的方法在各联产品之间分配联合成本。在分离点上分配联合成本的方法有很多，常见的方法有销售价值分配法、可变现净值分配法和实物量分配法三种。

1. 销售价值分配法

销售价值分配法，是指根据在分离点处各联产品销售价值的比例来分配联合成本的方法，即售价较高的联产品应负担较多的联合成本，售价较低的联产品则负担较少的联合成本。销售价值分配法的计算公式为

联合成本分配率＝待分配联合成本 ÷（甲产品分离点的总售价＋

乙产品分离点的总售价）

甲产品应分配的联合成本＝甲产品分离点的总售价 × 联合成本分配率

乙产品应分配的联合成本＝乙产品分离点的总售价 × 联合成本分配率

该方法的优点是计算简单，容易理解，但并非每种联产品在分离点处的销售价格都能够可靠地计量。

🔍 【案例分析】 >>>>

A 公司为一家制造型企业，生产甲和乙两种联产品，本月生产发生联合成本 250 000 元。甲和乙在分离点处的总售价为 500 000 元，其中，甲产品的总售价为 300 000 元，乙产品的总售价为 200 000 元。A 公司采用销售价值分配法分配联合成本。

联合成本分配率 =250 000 ÷ 500 000=0.5

甲产品应分配的联合成本 =300 000 × 0.5=150 000（元）

乙产品应分配的联合成本 =200 000 × 0.5=100 000（元）

2. 可变现净值分配法

可变现净值分配法，是指按各联产品的可变现净值比例分配联合成本的方法。可变现净值是指产品的最终销售价格减去其可分成本的余额，就是将联产品的联合成本按照各联产品的最终销售价格减去分离后各联产品的可归属成本的价值比例进行分摊。可变现净值分配法的计算公式为

联合成本分配率＝待分配联合成本 ÷（甲产品可变现净值＋乙产品可变现净值）

甲产品应分配的联合成本＝甲产品可变现净值 × 联合成本分配率

乙产品应分配的联合成本＝乙产品可变现净值 × 联合成本分配率

可变现净值分配法和销售价值分配法的计算过程相似，对于成本的分配更为详尽和透彻，该方法适用于联产品尚需要进一步加工后才可对外销售的情形。

🔍 【案例分析】 >>>>

A 公司为一家制造型企业，生产甲和乙两种联产品，本月甲产品和乙产品在分离前发生联合成本 250 000 元，分离后继续发生的单独加工成本分别为

60 000 元和 40 000 元，加工后甲产品的总售价为 300 000 元，乙产品的总售价为 200 000 元。A 公司采用可变现净值分配法分配联合成本。

甲产品可变现净值 =300 000-60 000=240 000（元）

乙产品可变现净值 =200 000-40 000=160 000（元）

联合成本分配率 =250 000÷（240 000+160 000）=0.625

甲产品应分配的联合成本 =240 000×0.625=150 000（元）

乙产品应分配的联合成本 =160 000×0.625=100 000（元）

3. 实物量分配法

实物量分配法，是指以产品在分离点处相应产出份额为基础分配联合成本的方法。其实物量可采用产品总产量的数量、重量和容积等。实物量分配法的计算公式为

单位数量（或重量）成本 = 待分配联合成本 ÷ 各联产品的总数量（或总重量）

某产品应分配的联合成本 = 该产品的数量（或重量）× 单位数量（或重量）成本

采用这种方法计算出的各产品的单位成本相同，计算简单，但实际上并非所有的成本发生都与实物量直接相关，容易造成成本计算与实际脱节，因此该方法一般适用于成本的发生与实物量密切相关的情形。

🔍 【案例分析】 ————————————————————————————————>>>>

A 公司为一家制造型企业，生产甲和乙两种联产品，本月生产发生联合成本 250 000 元。其中甲产品数量为 800 件，乙产品数量为 200 件。A 公司采用实物量分配法分配联合成本。

单位数量成本 =250 000÷（800+200）=250（元）

甲产品应分配的联合成本 =800×250=200 000（元）

乙产品应分配的联合成本 =200×250=50 000（元）

5.4.2　副产品生产成本的分配

副产品，是指企业在生产主要产品的同时，从同一种原料中，通过同一生产过程附带生产或利用生产中的废料进一步加工而生产出来的非主要产品。例

如，面粉加工厂在生产面粉的同时会利用麸皮制造饲料等副产品。与主产品相比，副产品的价值要小得多，所以在副产品成本的计算上，可采用简便的方法，按固定价格计算出副产品成本，然后从全部生产成本中加以扣除，其余即为主产品成本。

在分配主产品和副产品的加工成本时，通常先确定副产品的价格成本，然后确定主产品的加工成本，这种方法属于扣除分配法。

🔍 【案例分析】 ╱ ⟩⟩⟩⟩

A公司为一家制造型企业，主要生产甲产品用于对外销售，在生产甲产品过程中会产生乙副产品，乙副产品也可用于对外出售。A公司本月销售甲产品收入为500 000元，销售乙副产品收入为3 000元，本月共发生生产成本250 000元，根据以往经验，乙副产品的成本大致与其销售收入接近。

乙副产品应分配的成本 =3 000（元）

甲产品应分配的成本 =250 000-3 000=247 000（元）

由于副产品价值较低，且不属于企业的主营业务范围，因此在计算成本时可以相对简单一些。

5.5 产品成本的计算方法

产品成本的计算方法，是指将企业生产过程中发生的生产成本，按一定的成本对象进行归集和分配，并据此计算产品成本的方法。产品成本的计算方法应当根据企业实际情况制定，要适应企业生产过程的特点和满足企业的管理要求。

产品成本的计算方法主要有三种：品种法、分批法和分步法。

5.5.1 品种法

品种法，是指以产品品种作为成本核算对象，归集和分配生产成本，计算产品成本的一种方法。这种方法适用于大批量简单生产或者管理上不要求按照生产步骤计算产品成本的企业。

品种法计算成本的特点主要有以下几个方面。

（1）成本核算对象是产品的品种。如果企业只生产一种产品，全部生产成本都是直接成本，可直接计入该产品成本计算单的有关成本项目中，不存在在各成本核算对象之间分配成本的问题。如果企业生产多种产品，间接费用则要采用适当的方法，在各成本核算对象之间进行分配。

（2）一般定期计算产品成本，如在每月月末。

（3）如果企业月末结存有在产品，要将生产成本在完工产品和在产品之间进行分配。

品种法成本计算的步骤如下。

（1）按产品的品种设立成本明细账，根据原始凭证和记账凭证登记成本明细账，并且编制各类费用分配表。

（2）根据各类费用分配表，登记基本生产明细账、辅助生产明细账和制造费用明细账等账表。

（3）分配辅助生产成本、制造费用以及完工产品和在产品的成本。

（4）结转产成品成本。

【案例分析】

A 公司为一家制造型企业，主要生产甲和乙两种产品。本月甲产品完工入库 300 件，月末在产品 200 件；乙产品完工入库 800 件，月末在产品 400 件。假设 A 公司采用约当产量法计算在产品的成本，在产品的平均完工程度为 50%，原材料随着生产进度陆续投入。本月甲、乙两种产品的成本计算单分别如表 5.7 和表 5.8 所示。

表 5.7　产品成本计算单 1

产品名称：甲产品　　　　　　　　　　　　　　　　　　　　　　　（单位：元）

成本项目	月初在产品成本	本月生产费用	生产费用合计	产成品成本		月末在产品成本
				总成本	单位成本	
直接材料费	15 000	45 000	60 000			
直接人工费	9 000	33 000	42 000			
燃料和动力费	16 000	62 000	78 000			
制造费用	5 000	13 000	18 000			
合计	45 000	153 000	198 000			

表5.8 产品成本计算单2

产品名称：乙产品 （单位：元）

成本项目	月初在产品成本	本月生产费用	生产费用合计	产成品成本		月末在产品成本
				总成本	单位成本	
直接材料费	30 000	90 000	120 000			
直接人工费	13 000	47 000	60 000			
燃料和动力费	18 000	58 000	76 000			
制造费用	18 000	35 000	53 000			
合计	79 000	230 000	309 000			

甲产品月末在产品的约当产量 $=200 \times 50\% = 100$（件）

乙产品月末在产品的约当产量 $=400 \times 50\% = 200$（件）

根据公式计算出甲、乙两种产品完工产品和在产品的成本，填入产品成本计算单中，分别如表5.9和表5.10所示。

表5.9 产品成本计算单1

产品名称：甲产品 （单位：元）

成本项目	月初在产品成本	本月生产费用	生产费用合计	产成品成本		月末在产品成本
				总成本	单位成本	
直接材料费	15 000	45 000	60 000	45 000	150	15 000
直接人工费	9 000	33 000	42 000	31 500	105	10 500
燃料和动力费	16 000	62 000	78 000	58 500	195	19 500
制造费用	5 000	13 000	18 000	13 500	45	4 500
合计	45 000	153 000	198 000	148 500	495	49 500

表5.10 产品成本计算单2

产品名称：乙产品 （单位：元）

成本项目	月初在产品成本	本月生产费用	生产费用合计	产成品成本		月末在产品成本
				总成本	单位成本	
直接材料费	30 000	90 000	120 000	96 000	120	24 000
直接人工费	13 000	47 000	60 000	48 000	60	12 000
燃料和动力费	18 000	58 000	76 000	60 800	76	15 200
制造费用	18 000	35 000	53 000	42 400	53	10 600
合计	79 000	230 000	309 000	247 200	309	61 800

根据上述数据，A公司的会计处理如下。

借：库存商品——甲产品 148 500

——乙产品	247 200
贷：生产成本——基本生产成本——甲产品	148 500
——乙产品	247 200

5.5.2　分批法

分批法，是指按照产品批别归集生产费用、计算产品成本的一种方法。这种方法主要适用于单件和小批量的多步骤生产企业，如大型船舶、重型机床、专用设备和精密仪器等生产企业。采用分批法的企业基本是根据订单来组织生产的，按产品批别计算的产品成本与按产品订单计算的产品成本往往一致，因此分批法也叫订单法。

分批法计算成本的特点主要有以下几个方面。

（1）成本核算对象是产品的批别。

（2）分批法下产品成本的核算是非定期的。由于产品成本的计算是与生产任务通知单的签发和生产任务的完成紧密配合的，各批次产品的生产周期不尽相同，所以完工产品的成本计算也因各批次的生产周期而异，是不定期的。分批法的成本计算期与产品的生产周期一致，与会计报告期不一致。

（3）分批法下，由于成本计算期与产品的生产周期基本一致，因而在计算月末产品成本时，一般不存在完工产品与在产品之间分配成本的问题。但是，如果产品批量较大，购货单位要求分次交货时，就有可能会出现同一批次产品跨月陆续完工的情况，为了提供月末完工产品成本，需要采用适当的方法将归集的生产成本在完工产品和月末在产品之间进行分配。

分批法成本计算的步骤如下。

（1）按产品批别设置产品生产成本明细账，按成本项目分设专栏，归集各批次产品所发生的生产成本。

（2）归集各项生产费用，包括直接费用和间接费用。对于直接费用，应该将与该批别有关的所有直接费用计入各个批别的生产成本明细账；对于间接费用，应先按车间或部门归集，并采用适当的方法分配计入各个批别的生产成本明细账。

（3）根据完工批别产品的完工通知单，将该批完工产品所归集的生产费用，按成本项目加以汇总，计算出该批完工产品的成本。如果该批产品已全部完工，则该批产品所归集的全部生产费用就是完工产品总成本，总成本除以完工产品的数量就是单位成本；如果出现批内产品跨月陆续完工的情况，这时候应采用适当的方法将生产费用在完工产品和月末在产品之间进行分配，计算出该批进行已完工产品的成本。

🔍 【案例分析】

A公司为一家制造型企业，主要生产甲和乙两种产品，A公司采用分批法计算产品成本，原材料在生产开始时一次性投入。上月投产甲产品20件，批次号为101，本月已全部完工；本月投产乙产品30件，批次号为102，本月完工10件并交予客户，另外20件为在产品，平均完工程度为50%。101批次和102批次产品的成本计算单分别如表5.11和表5.12所示。

表5.11　产品成本计算单

产品名称：甲产品　　　　　　　　　批次号：101　　　　　　　（单位：元）

项目	直接材料费用	直接人工费用	制造费用	合计
月初余额	6 000	500	2 000	8 500
本月发生费用				
据材料费用分配表	3 000			3 000
据工资费用分配表		1 000		1 000
据制造费用分配表			4 000	4 000
合计	9 000	1 500	6 000	16 500
结转产成品（20件）成本				
单位成本				

表5.12　产品成本计算单

产品名称：乙产品　　　　　　　　　批次号：102　　　　　　　（单位：元）

项目	直接材料费用	直接人工费用	制造费用	合计
本月发生费用				
据材料费用分配表	15 000			15 000
据工资费用分配表		2 100		2 100
据制造费用分配表			6 300	6 300
合计	15 000	2 100	6 300	23 400
结转产成品（10件）成本				
单位成本				
月末在产品（20件）成本				

批次号为 101 的甲产品本月已全部完工，月末不存在在产品，所以发生的产品生产费用即为完工产品总成本。批次号为 102 的乙产品部分完工，所以应采用适当的方法将产品生产费用在完工产品与在产品之间进行分配。由于原材料是在生产开始时一次性投入的，所以原材料成本按完工产品和在产品的实际数量的比例进行分配，其他费用则按约当产量法进行分配。

批次号为 102 的乙产品材料费用的分配：

单位材料成本 =15 000÷（10+20）=500（元）

产成品应分配的材料费用 =10×500=5 000（元）

在产品应分配的材料费用 =20×500=10 000（元）

人工费用的分配：

月末在产品的约当产量 =20×50%=10（件）

单位人工成本 =2 100÷（10+10）=105（元）

产成品应分配的人工费用 =10×105=1 050（元）

在产品应分配的人工费用 =10×105=1 050（元）

制造费用的分配：

单位制造费用 =6 300÷（10+10）=315（元）

产成品应分配的制造费用 =10×315=3 150（元）

在产品应分配的制造费用 =10×315=3 150（元）

根据计算结果填写甲、乙产品的产品成本计算单，结果分别如表 5.13 和表 5.14 所示。

表 5.13　产品成本计算单 1

产品名称：甲产品　　　　　　　　　　批次号：101　　　　　　　　　单位：元

项目	直接材料费用	直接人工费用	制造费用	合计
月初余额	6 000	500	2 000	8 500
本月发生费用				
据材料费用分配表	3 000			3 000
据工资费用分配表		1 000		1 000
据制造费用分配表			4 000	4 000
合计	9 000	1 500	6 000	16 500
结转产成品（20 件）成本	9 000	1 500	6 000	16 500
单位成本	450	75	300	825

表 5.14　产品成本计算单 2

产品名称：乙产品　　　　　　　　　批次号：102　　　　　　　　　单位：元

项目	直接材料费用	直接人工费用	制造费用	合计
本月发生费用				
据材料费用分配表	15 000			15 000
据工资费用分配表		2 100		2 100
据制造费用分配表			6 300	6 300
合计	15 000	2 100	6 300	23 400
结转产成品（10 件）成本	5 000	1 050	3 150	9 200
单位成本	500	105	315	920
月末在产品（20 件）成本	10 000	1 050	3 150	14 200

根据上述数据，A 公司的会计处理如下：

借：库存商品——甲产品　　　　　　　　　　　　16 500

　　　　　　——乙产品　　　　　　　　　　　　　9 200

　　贷：生产成本——基本生产成本——甲产品　　16 500

　　　　　　　　　　　　　　　　——乙产品　　　9 200

5.5.3　分步法

分步法，是指以产品生产过程中各个加工步骤为成本核算对象，归集和分配生产成本，计算各步骤半成品和最终产成品成本的一种方法。这种方法主要适用于大批量的多步骤生产企业，如纺织、冶金、酿酒和机械制造等企业。这些企业都有一个特点，即从原材料投入到产品完工，要经过多个连续的生产步骤，每个步骤都会产生完工程度不同的半成品。所以，除了要按产品品种核算产成品的成本外，还要分步骤计算半成品的成本，以便分析各种产品的生产计划执行情况。

分步法分为逐步结转分步法和平行结转分步法。

1. 逐步结转分步法

逐步结转分步法，是指按照产品的生产步骤先计算出半成品成本，再随实物依次逐步结转，最终计算出产成品成本的方法。它按照产品加工顺序，从第一步骤开始，先计算该步骤完工半成品成本，并转入第二步骤，加上第二步骤的加工费用，计算出第二步骤半成品成本，再转入第三步骤，依此类推，到最后步骤计算出完工产品成本。

在逐步结转分步法下，半成品成本结转有两种方式：逐步综合结转法和逐步分项结转法。逐步综合结转法，是指各生产步骤耗用上一步骤的半成品成本，以其综合成本记入下一步骤成本计算单中的"直接材料"项目，或是设立"半成品"项目；逐步分项结转法，是指将各生产步骤所耗用上一步骤的半成品成本，按其成本项目分别记入各生产步骤产品生产成本计算单相同的成本项目内，以计算按成本项目反映的各步骤产品生产成本的方法。企业采用逐步综合结转法结转半成品成本时，各步骤所耗半成品的成本是以"直接材料"或"半成品"项目综合反映的，不能提供按原始成本项目反映的成本资料，因此要进行成本还原。成本还原的公式如下。

$$成本还原分配率 = 产成品所耗以前生产步骤半成品成本合计 \div 以前生产步骤所产该种半成品成本合计$$

$$半成品成本还原 = 成本还原分配率 \times 生产该种半成品成本项目金额$$

$$还原后产品成本 = 还原前产品成本 + 半成品成本还原$$

逐步结转分步法适用于多步骤复杂生产的大批量生产型企业，主要如下。

（1）半成品可用于直接对外销售或半成品虽不对外销售但需要作为业绩考核对象的企业，如冶金企业的生铁、钢锭，化肥企业的合成氨等半成品都属于这种情况。

（2）半成品同时转作几种产成品原料的企业，如生产钢铸件、铜铸件的机械企业，生产纸浆的造纸企业等。

逐步结转分步法计算成本的特点主要有以下几个方面。

（1）成本核算对象是产品的生产步骤。

（2）月末计算完工产品时，需要将归集的生产成本在完工产品和在产品之间进行分配。

（3）除了核算产成品的成本外，还要计算和结转产品各步骤的成本，各步骤半成品成本随着半成品实物的转移而结转。

逐步结转分步法成本计算的步骤如下。

（1）根据产品品种和生产步骤设置成本计算单，设置各种生产费用明细账。

（2）将生产费用在各步骤产品之间进行分配。

（3）计算各步骤完工产品与期末在产品成本。

（4）结转完工产品成本。

【案例分析】

A公司为一家制造型企业，主要生产甲产品对外销售。甲产品生产分两个步骤在两个车间进行，第一车间为第二车间提供半成品，第二车间加工为产成品，半成品的收发通过半成品库完成。两个车间在产品均按约当产量法计算，其中第一车间在产品的平均完工程度为40%，第二车间在产品的平均完工程度为50%。A公司采用逐步综合结转法核算产品成本，原材料随着生产进度陆续投入，发出存货采用月末一次加权平均法核算。第一车间的产品成本计算单如表5.15所示。

表 5.15　产品成本计算单

产品名称：甲产品半成品　　　　　　车间：第一车间　　　　　　（单位：元，件）

项目	产量	直接材料费用	直接人工费用	制造费用	合计
月初在产品成本		60 000	5 000	20 000	85 000
本月发生费用		30 000	10 000	40 000	80 000
合计		90 000	15 000	60 000	165 000
完工半成品转出	300	54 000	9 000	36 000	99 000
月末在产品成本	500	36 000	6 000	24 000	66 000

甲产品半成品月末在产品的约当产量 =500×40%=200（件）

甲产品完工半成品应分配的材料费用 =90 000÷（300+200）×300=54 000（元）

甲产品半成品在产品应分配的材料费用 =90 000÷（300+200）×200=36 000（元）

甲产品完工半成品应分配的人工费用 =15 000÷（300+200）×300=9 000（元）

甲产品半成品在产品应分配的人工费用 =15 000÷（300+200）×200=6 000（元）

甲产品完工半成品应分配的制造费用 =60 000÷（300+200）×300=36 000（元）

甲产品半成品在产品应分配的制造费用 =60 000÷（300+200）×200=24 000（元）

根据计算结果填写甲产品半成品成本计算单，并编制会计分录如下。

借：自制半成品　　　　　　　　　　　　　　　　　　99 000

　　贷：生产成本——基本生产成本——第一车间（甲产品）　99 000

根据第一车间甲产品半成品成本计算单、半成品入库单以及第二车间领用半成品的领料单，登记半成品明细账，如表 5.16 所示。

表 5.16　半成品明细账

（单位：元，件）

月初余额		本月增加		本月减少		月末结存	
数量	金额	数量	金额	数量	金额	数量	金额
200	61 000	300	99 000	400	128 000	100	32 000

根据半成品月初余额和本月入库金额，计算出半成品加权平均单价。

甲产品半成品单价 =（61 000+99 000）÷（200+300）=320（元）

本月领用半成品成本 =320×400=128 000（元）

本月结存半成品成本 =320×100=32 000（元）

根据半成品明细账所列半成品资料和第二车间半成品领料单，编制会计分录如下：

借：生产成本——基本生产成本——第二车间（甲产品）　　128 000

　　贷：自制半成品　　　　　　　　　　　　　　　　　　　　　　128 000

根据各种费用分配表、半成品领料单以及第二车间在产品成本资料，登记第二车间甲产品产成品成本计算单，如表 5.17 所示。

表 5.17　产成品成本计算单

产品名称：甲产品半成品　　　　　　　　　车间：第二车间　　　　　　（单位：元，件）

项目	产量	直接材料费用	直接人工费用	制造费用	合计
月初在产品成本		202 000	75 000	150 000	427 000
本月发生费用		128 000	40 000	110 000	278 000
合计		330 000	115 000	260 000	705 000
完工产成品转出	700	231 000	80 500	182 000	493 500
月末在产品成本	600	99 000	34 500	78 000	211 500

甲产品月末在产品的约当产量 =600×50%=300（件）

甲产品完工产品应分配的材料费用 =330 000÷（700+300）×700=231 000（元）

甲产品月末在产品应分配的材料费用 =330 000÷（700+300）×300=99 000（元）

甲产品完工产品应分配的人工费用 =115 000÷（700+300）×700=80 500（元）

甲产品月末在产品应分配的人工费用 =115 000÷（700+300）×300=34 500（元）

甲产品完工产品应分配的制造费用 =260 000÷（700+300）×700=182 000（元）

甲产品月末在产品应分配的制造费用 =260 000÷（700+300）×300=78 000（元）

根据计算结果填写甲产品半成品成本计算单，并编制会计分录如下：

借：库存商品 　　　　　　　　　　　　　　　　　493 500

　　　贷：生产成本——基本生产成本——第二车间（甲产品）　493 500

由于 A 公司采用逐步综合结转法核算产品成本，所以涉及成本的还原问题。所谓成本还原，就是从最后一个步骤起，把所耗上一步骤半成品的综合成本还原成"直接材料""直接人工""制造费用"等原始成本项目，从而求得按原始成本项目反映的产成品成本资料。在此案例中，就是把第二车间产品成本计算单中算出的本月产成品所耗上一车间半成品金额 231 000 元，按照第一车间产品成本计算单中算出的本月所产该种半成品成本 99 000 元的成本构成进行还原，求出按原始成本项目反映的甲产品产成品成本。

成本还原分配率 =231 000÷99 000=2.33

半成品直接材料成本还原 =54 000×2.33=126 000（元）

半成品直接人工成本还原 =9 000×2.33=21 000（元）

半成品制造费用成本还原 =36 000×2.33=84 000（元）

还原后直接材料成本 =126 000（元）

还原后直接人工成本 =80 500+21 000=101 500（元）

还原后制造费用成本 =182 000+84 000=266 000（元）

成本还原计算表如表 5.18 所示。

表 5.18　成本还原计算表示意

（单位：元）

项目	还原分配率	半成品	直接材料费用	直接人工费用	制造费用	成本合计
还原前产成品成本		231 000		80 500	182 000	493 500
本月所产半成品成本			54 000	9 000	36 000	99 000
成本还原	2.33	−231 000	126 000	21 000	84 000	0
还原后产成品成本			126 000	101 500	266 000	493 500

2. 平行结转分步法

平行结转分步法，是指半成品成本并不随着半成品实物的转移而结转，而是留在该步骤的成本明细账内，直到最后加工成产成品，才将其成本从各步骤的成本明细账中转出的方法。所谓平行，是指各生产步骤只归集计算本步骤直接发生的生产费用，不计算结转本步骤所耗用上一步骤的半成品成本；各生产步骤分别与完工产品直接联系，本步骤只提供在产品成本和加入最终产品成本的份额，平行独立、互不影响地进行成本计算，平行地把份额计入完工产品成本。

平行结转分步法适用于不要求提供各步骤半成品成本的多步骤复杂生产的大批量生产型企业，主要包括以下几类。

（1）半成品没有独立的经济意义或者虽有半成品但不要求单独计算半成品成本的企业，如砖瓦厂、瓷厂等。

（2）不要求计算零配件成本的装配式复杂生产企业，如大批量生产的机械制造企业等。

平行结转分步法计算成本的特点主要有以下几个方面。

（1）成本核算对象是产品的生产步骤。

（2）月末计算完工产品时，需要将归集的生产成本在完工产品和在产品之间进行分配。

（3）各生产步骤月末可以同时进行成本计算，不必等待上一步骤半成品成本的结转。

（4）能直接提供按原始成本项目反映的产品成本的构成，有助于进行成本分析和成本考核。

平行结转分步法成本计算的步骤与逐步结转分步法相似，只是各步骤不计算半成品的成本，月末再计算汇总到产成品的成本中。

在平行结转分步法中，"完工产品"指的是企业"最后完工的产成品"，某个步骤的"在产品"指的是"广义在产品"，包括该步骤尚未加工完成的在产品（称为该步骤的狭义在产品）和该步骤已完工但尚未最终完成的产品（称为后面各步骤的狭义在产品）。换句话说，凡是该步骤"参与"了加工，但还未最终完工形成产成品的，都属于该步骤的"广义在产品"。在平行结转分步法中，计算某步骤的广义在产品的约当产量时，实际上计算的是"约当该步骤完工产品"的数量，由于后面步骤的狭义在产品耗用的是该步骤的完工产品，所以，计算该步骤的广义在产品的约当产量时，对于后面步骤的狭义在产品的数量，不用乘以其所在步骤的完工程度。用公式表示如下：

某步骤月末（广义）在产品约当产量＝该步骤月末狭义在产品数量 × 在产品完工程度＋以后各步骤月末狭义在产品数量 × 每件狭义在产品耗用的该步骤的完工半成品的数量

产品成本计算的三种基本方法的主要差异如表 5.19 所示。

表 5.19　产品成本计算方法的差异

	品种法	分批法	分步法
适用范围	大批量的简单生产以及管理上不要求按照生产步骤计算产品成本的企业，如发电、供水、采掘等	单件和小批量的多步骤生产企业，如大型船舶、重型机床、专用设备、精密仪器等	大批量的多步骤企业，如纺织、冶金、酿酒、机械制造等
成本计算对象	产品的品种	产品的批别	产品的生产步骤
成本计算期	一般定期计算产品成本，成本计算期与会计核算报告期一致	成本计算期与产品生产周期基本一致，而与核算报告期不一致	一般定期计算产品成本，成本计算期与会计核算报告期一致
完工产品与在产品成本划分	如果月末有在产品，要将生产费用在完工产品和在产品之间进行分配	一般不存在完工产品与在产品之间分配费用的问题	月末须将生产费用在完工产品和在产品之间进行分配；除了按品种计算和结转产品成本外，还需要计算和结转产品的各步骤成本

🔍 【案例分析】 ⟩⟩⟩⟩

A 公司为一家制造型企业，主要生产甲产品对外销售。甲产品生产分两个步骤在两个车间进行，第一车间完工的半成品，不通过半成品库收发，直接转给第二车间继续进行加工成产成品，每件第二车间的在产品耗用 1 件第一车间的完工半成品。A 公司采用约当产量法分配产成品和在产品之间的成本，生产甲产品的原材料在生产开始时一次性投入，每个步骤在产品的完工程度均为 50%。A 公司本月的成本资料如表 5.20、表 5.21 和表 5.22 所示。

表 5.20　产量记录

（单位：件）

项目	第一生产步骤	第二生产步骤
月初在产品结存	180	100
本月投入或转入	420	400
合计	600	500
本月完工并转出	400	300
月末在产品结存	200	200

表 5.21　产品成本计算单 1

产品名称：甲产品半成品　　　　　　车间：第一车间　　　　　　（单位：元）

项目	直接材料费用	直接人工费用	制造费用	合计
月初在产品成本	25 000	10 000	22 000	57 000
本月发生费用	45 000	20 000	38 000	103 000
合计	70 000	30 000	60 000	160 000
应计入产成品成本份额				
月末在产品成本				

表 5.22　产品成本计算单 2

产品名称：甲产品产成品　　　　　　车间：第二车间　　　　　　（单位：元）

项目	直接材料费用	直接人工费用	制造费用	合计
月初在产品成本		5 000	18 000	23 000
本月发生费用		15 000	32 000	47 000
合计		20 000	50 000	70 000
应计入产成品成本份额				
月末在产品成本				

（1）第一生产步骤

分配材料费用时：

第一车间广义在产品的约当产量 =200×100%+200=400（件）

应计入产成品成本份额的材料成本 =70 000÷（400+300）×300=30 000（元）

月末在产品应负担的材料成本 =70 000-30 000=40 000（元）

分配人工费用和制造费用时：

第一车间广义在产品的约当产量 =200×50%+200=300（件）

应计入产成品成本份额的人工成本 =30 000÷（300+300）×300=15 000（元）

月末在产品应负担的人工成本 =30 000-15 000=15 000（元）

应计入产成品成本份额的制造费用 =60 000÷（300+300）×300=30 000（元）

月末在产品应负担的制造费用 =60 000-30 000=30 000（元）

第一车间的费用分配转入 300 件本月完工产成品的成本合计数 =30 000+15 000+30 000=75 000（元）

（2）第二生产步骤

由于本步骤没有投入材料，所以无须分配材料费用。

第二车间广义在产品的约当产量 =200×50%=100（件）

应计入产成品成本份额的人工成本 =20 000÷（100+300）×300=15 000（元）

月末在产品应负担的人工成本 =20 000-15 000=5 000（元）

应计入产成品成本份额的制造费用 =50 000÷（100+300）×300=37 500（元）

月末在产品应负担的制造费用 =50 000-37 500=12 500（元）

根据计算结果填写产品成本计算单，见表 5.23 和表 5.24。

表 5.23　产品成本计算单 1

产品名称：甲产品半成品　　　　　　　车间：第一车间　　　　　　　单位：元

项目	直接材料费用	直接人工费用	制造费用	合计
月初在产品成本	25 000	10 000	22 000	57 000
本月发生费用	45 000	20 000	38 000	103 000
合计	70 000	30 000	60 000	160 000
应计入产成品成本份额	30 000	15 000	30 000	75 000
月末在产品成本	40 000	15 000	30 000	85 000

表 5.24　产品成本计算单 2

产品名称：甲产品产成品　　　　　　　车间：第二车间　　　　　　　单位：元

项目	直接材料费用	直接人工费用	制造费用	合计
月初在产品成本		5 000	18 000	23 000
本月发生费用		15 000	32 000	47 000
合计		20 000	50 000	70 000
应计入产成品成本份额		15 000	37 500	52 500
月末在产品成本		5 000	12 500	17 500

登记完工产品成本计算单，如表 5.25 所示。

表 5.25　完工产品成本计算单

产品名称：甲产品

单位：元

项目	直接材料费用	直接人工费用	制造费用	合计
第一生产步骤成本份额	30 000	15 000	30 000	75 000
第二生产步骤成本份额		15 000	37 500	52 500
产成品成本	30 000	30 000	67 500	127 500
单位成本（300 件）	100	100	225	425

A 公司编制会计分录如下。

借：库存商品　　　　　　　　　　　　　　　　　　127 500

　　贷：生产成本——基本生产成本——第一车间（甲产品）　75 000

　　　　　　　　　　　　　　　　——第二车间（甲产品）　52 500

第 6 章
工业企业销售环节的会计处理

销售环节是企业实现产品价值、创造利润的重要环节，对于企业的发展具有至关重要的作用。收入核算一直是财务核算的一个重要环节。近年来，随着新收入准则的颁布，工业企业的收入核算发生了巨大变化，使得企业的收入确认、计量和报告等业务更加与国际会计准则趋同。

在实际工作中，很多企业还停留在使用旧收入准则的阶段，相关的会计处理还沿用旧方法，已不能有效满足财务信息使用者的需求。因此，为了提高财务报表信息披露的质量和透明度，更好地满足财务信息使用者的需求，更好地管理收入风险，企业应重视并准确应用新收入准则，有关部门也应该加强对新收入准则的普及，确保所有企业在一定期限内使用新收入准则进行账务处理。

由于引入了新收入准则，所以本章属于重点章节，而且新收入准则里面有很多条文是由国际会计准则直接翻译过来的，理解起来比较困难，因此要十分重视。

本章将介绍工业企业销售环节的相关业务流程、新收入准则的相关概念，并结合业务流程介绍销售环节的相关会计处理，主要涉及的知识点有：

- 销售环节的主要业务活动
- 销售环节的会计处理
- 销售收款和月末对账

6.1 销售环节的主要业务活动

本节主要介绍销售部门的主要职责和销售环节的主要业务活动，让读者对企业的销售活动有一定的了解，有助于理解销售环节的账务处理。

6.1.1 销售部门的主要职责

销售部门的主要职责包括但不限于以下几个方面。

（1）负责新客户的开发、沟通和联系。

（2）负责收集、维护客户资料，建立客户档案。

（3）负责分析客户资料，评估客户信用，划分客户等级。

（4）负责销售价格政策及销售价格的制定。

（5）负责销售合同的签订工作，并保存相关档案，收集、传递和反馈客户的投诉、意见的处理结果，及时向相关部门传递合同的变更要求。

（6）负责根据客户需求及合同约定的时间安排仓务部出货。

（7）负责建立销售台账，与财务部及客户核对销售往来、催收应收账款。

（8）负责进行客户回访工作，受理客户投诉，处理客户提出的问题。

（9）负责其他与销售活动相关的工作。

6.1.2 销售环节的主要业务活动

销售环节的主要业务活动包括以下几个方面。

（1）销售部根据客户需求和公司库存情况，制作销售订单并签订销售合同。

（2）销售部根据销售订单制定出货通知单，并转交有关人员审批。

（3）仓务部根据经审批后的出货通知单安排发货。

（4）销售部与客户沟通，跟进货物签收情况。

（5）销售部与客户进行结算，并与财务部核对，开具增值税发票。

（6）销售部根据合同约定催收货款。

6.2　销售环节的会计处理

本节主要介绍销售环节的会计处理，包括收入的概念和分类、收入的确认和计量以及合同成本的结转。

6.2.1　收入的概念和分类

收入，是指企业在日常活动中形成的，会导致所有者权益增加的，与所有者投入资本无关的经济利益的总流入。

收入可分为主营业务收入和其他业务收入。主营业务收入是指企业销售商品、提供劳务等主要经营业务的收入。其他业务收入是指企业除主营业务活动以外的其他经营活动实现的收入，包括出租固定资产、出租无形资产、销售原材料等活动所产生的收入。

6.2.2　收入的确认和计量

收入的确认可以使用五步法模型，其流程如图 6.1 所示。

图 6.1　收入确认流程

1. 识别与客户订立的合同

识别与客户订立的合同，是收入确认的前提条件。在收入准则中，合同要想成立，必须满足以下五个条件。

（1）合同各方已批准该合同并承诺将履行各自的义务。

（2）该合同明确了合同各方与所转让的商品相关的权利和义务；

（3）该合同有明确的与所转让的商品相关的支付条款；

（4）该合同具有商业性质，即履行该合同将改变企业未来现金流量的风险、时间分布或金额；

（5）企业因向客户转让商品而有权取得的对价很可能收回。

概括地说，收入确认的前提条件就是买卖双方签订了合同，该合同涉及商业利益的往来，明确买卖的商品种类、价格和货款支付方式，并且买方会按照合同约定支付货款。

2. 识别合同中的单项履约义务

企业应当将下列向客户转让商品的承诺作为单项履约义务。

（1）企业向客户转让可明确区分商品的承诺。

（2）企业向客户转让一系列实质相同且转让模式相同的，可明确区分商品的承诺。

假如合同只有一项单项履约义务，则不用进行分摊；如果合同有两项及以上单项履约义务，就要进行识别和分摊。举个例子，如果企业销售一台设备给客户，售价 50 000 元，单项履约义务就是销售设备，确认销售商品收入 50 000 元；如果企业销售一台设备给客户，并约定企业提供安装服务，合同价款 50 000 元，其中设备主体价格 40 000 元，设备安装费用 10 000 元，这时候就有两项单项履约义务，应进行分摊，分别确认销售商品收入 40 000 元和提供劳务收入 10 000 元。

3. 确定交易价格

确定交易价格，就是确定企业向客户转让商品时有权收取的对价金额。交易价格不一定就是合同金额。收入准则规定：在确定交易价格时，企业应当考虑可变对价、合同中存在的重大融资成分、非现金对价、应付客户对价等因素的影响。

（1）可变对价。可变对价包括企业因销售折扣、价格折让、返利、积分奖励、或有事项等所导致的价格变动。比如，企业销售一台设备给客户，售价 10 000 元，合同约定如果客户能在三个工作日之内付款，就给客户 500 元的价格优惠，这 500 元就是可变对价。

（2）重大融资成分。考虑到资金是有时间价值的，如果企业交付商品的时间与客户支付货款的时间相隔较久远（一般超过一年），我们就认为该交易对价具有重大融资成分。合同中存在重大融资成分的，企业应当按照假定客户在取得商品控制权时，以现金支付的应付金额（即现销价格）确定交易价格。举个例子，企业销售一台设备给客户，售价 500 万元，客户每年支付 100 万元，5 年付清，客户也可以选择现在一次性付款，价格只要 450 万元，这时候合同就具有重大融资成分，企业应按 450 万元确定交易对价。

（3）非现金对价。非现金对价包括存货、固定资产、无形资产、客户提供的服务等，如果客户以这些非现金对价支付货款，企业应当按照非现金对价在合同开始日的公允价值确定交易价格。如果公允价值不能合理估计，则企业应以承诺用于换取非现金对价的商品或服务的单独售价来间接计量非现金对价。举个例子，企业销售一批商品给客户，客户以一台设备来抵货款，合同签订日这台设备在公开市场的交易价格是 10 000 元，那么合同的交易对价就是 10 000 元。

（4）应付客户对价。应付客户对价，是指企业向客户转让商品的同时，需要向客户或第三方支付对价的，除为了向客户取得其他可明确区分商品的款项外，应当将该应付对价冲减交易价格，最常见的应付客户对价就是优惠券、兑换券等。假如商品售价为 10 000 元，客户有 1 000 元的优惠券，那么应付客户对价就是 1 000 元，交易对价就是 9 000 元。

4. 将交易价格分摊至各单项履约义务

前面说到，如果一份合同有两项以上单项履约义务，那么在合同开始日，企业应该按照各单项履约义务所承诺商品的单独售价的相对比例，将交易价格分摊至各单项履约义务。举个例子，企业销售一套商品组合，里面包含甲、乙两种商品，合同总价为 15 000 元，如果甲、乙两种商品单独出售，售价分别为甲商品 12 000 元、乙商品 8 000 元，那么，分摊到甲商品的价款为 15 000×12 000÷（12 000+8 000）=9 000 元，分摊到乙商品的价款为 15 000×8 000÷（12 000+8 000）=6 000 元。

5. 履行各单项履约义务时确认收入

履约义务有两种形式：某一时段内履行的履约义务和某一时点履行的履约义务。两种履约形式有不同的收入确认方法。

符合下列三个条件之一的，即属于在某一时间段内履行的履约义务，相关收入应当在该履约义务履行的期间确认。

（1）客户在企业履约的同时取得并消耗企业履约所带来的经济利益。

（2）客户能够控制企业履约过程中的在建商品。

（3）企业履约过程中所产出的商品有着不可替代的用途，并且企业在整个合同期间有权就累计至今已完成的履约部分收取款项。

对于某一时点履行的履约义务，企业应当在客户取得相关商品的控制权时确认收入。而判断客户是否取得商品控制权，主要有以下迹象可以考虑。

（1）企业享有该商品的现时收款权利，即客户有该商品的现时付款义务。

（2）企业已将该商品的法定所有权转移给了客户。

（3）企业已将该商品实物转移给客户，即客户已占有该商品。

（4）企业已将该商品所有权上的主要风险和报酬转移给了客户。

（5）客户已接受该商品。

【案例分析】

A公司为一家大型设备制造企业，是增值税一般纳税人，主营业务是大型设备的生产销售、设备安装、设备维护及培训等。A公司销售一台专用设备给客户，为保证客户能熟悉掌握设备的操作，A公司提供不低于30个小时的培训服务，合同总价款为100万元，培训服务费用包含在内。合同还约定，设备运抵客户处经客户验收无误后，该设备的所有权即为客户所有，A公司为客户提供一年的免费维护服务，服务期满一年后，根据客户的需求，A公司可延长维护服务，延长期维护服务不免费，每年的服务费为2万元。

本案例中，A公司与客户的合同承诺包含了三部分：设备销售、培训服务和设备维护，也就是说，该合同包含三项单项履约义务。对于设备销售这项单项履约义务，设备运抵客户处经客户验收后所有权便转移给客户，满足"企业已将该商品的法定所有权转移给了客户"、"企业已将该商品实物转移给客户，即客户已占有该商品"和"客户已接受该商品"条件,所以设备销售属于某一时点履行的履约义务。对于培训服务和设备维护,由于在这期间客户能从中受益,满足"客户在企业履约的同时取得并消耗企业履约所带来的经济利益"条件,所以这两项单项履行义务属于某一时段内履行的履约义务。

🔍【案例分析】 ————————————————————————>>>>>

A 公司是一家制造型企业,主要生产甲、乙两种商品。2 月 1 日,A 公司与客户签订合同,约定向客户销售甲、乙两种商品,合同总价款为 80 000 元,其中,甲商品的单独售价为 40 000 元,乙商品的单独售价为 60 000 元。合同还约定,A 公司于合同签订日交付甲商品,并于一个月后交付乙商品,只有全部商品交付完毕后,A 公司才有权收取 80 000 元的货款。假设不考虑相关税费的影响。

本案例中,A 公司销售甲商品和乙商品分别构成单项履约义务,合同价款需要在两项单项履约义务之间进行分摊。

甲商品分摊的价款 =40 000 ÷(40 000+60 000)×80 000=32 000(元)

乙商品分摊的价款 =60 000 ÷(40 000+60 000)×80 000=48 000(元)

交付甲商品时:

借:合同资产　　　　　　　　　　　　　　　　　　　　　　　32 000

　　贷:主营业务收入　　　　　　　　　　　　　　　　　　　　　　32 000

交付乙产品时:

借:合同资产　　　　　　　　　　　　　　　　　　　　　　　48 000

　　贷:主营业务收入　　　　　　　　　　　　　　　　　　　　　　48 000

借:应收账款　　　　　　　　　　　　　　　　　　　　　　　80 000

　　贷:合同资产　　　　　　　　　　　　　　　　　　　　　　　　80 000

注意应收账款代表的是无条件收取合同对价的权利,即企业仅仅随着时间的流逝即可收款。而合同资产并不是一项无条件收款的权利,除了时间流逝外,该权利还取决于其他履约条件才能收取对应的合同价款。在实务中,很多企业没有执行新收入准则,没有设置"合同资产"科目,直接用"应收账款"科目代替。

A公司为一家制造型企业，是增值税一般纳税人。A公司制定了现金折扣条件，条件为"2/10，n/30"（该符号的含义为客户需在30日内付款，如果客户在10日内付款将获得2%的折扣）。A公司销售一批商品给客户，合同总价款为含税金额11 300元。假定A公司适用的增值税税率为13%。

A公司的会计处理如下：

借：应收账款   11 300

  贷：主营业务收入   10 000

    应交税费——应交增值税（销项税额）   1 300

如果客户在10日内付款，可以获得2%即226元（11 300×2%）的折扣，则

借：银行存款   11 074

  财务费用   226

  贷：应收账款   11 300

如果客户超过了10日才付款，则

借：银行存款   11 300

  贷：应收账款   11 300

6.2.3 合同成本的结转

合同成本包括合同取得成本和合同履约成本。

合同取得成本是指企业为取得合同发生的增量成本，该成本预期能够在未来收回销售佣金等。所谓增量成本，是指企业不取得合同便不会发生的成本，如销售佣金等。而销售人员的差旅费、业务招待费等费用，虽然也是为了取得合同而发生，但是最终无论是否能取得合同，这些费用都会发生，因此不属于增量成本，也就不属于合同取得成本，应当在发生当期计入当期损益（销售费用）。实务中，为了方便操作，往往也把合同取得成本费用化，直接归入"销售费用"科目中，不体现合同取得成本。

合同履约成本就是指营业成本，包括主营业务成本和其他业务成本，本节

所说的合同成本的结转主要指主营业务成本的结转。企业销售商品或提供劳务，在确认收入的同时需要结转相应的成本，借记"主营业务成本"科目，贷记"库存商品""劳务成本"科目。

🔍【案例分析】————————————————————————>>>>

　　A 公司为一家制造型企业，是增值税一般纳税人。A 公司销售一批商品给客户，合同总价款为含税金额 11 300 元，该批商品的成本为 8 000 元。假定 A 公司适用的增值税税率为 13%。

　　A 公司的会计处理如下。

　　借：应收账款　　　　　　　　　　　　　　　　　　　11 300

　　　　贷：主营业务收入　　　　　　　　　　　　　　　　10 000

　　　　　　应交税费——应交增值税（销项税额）　　　　　　1 300

　　结转该批商品成本时：

　　借：主营业务成本　　　　　　　　　　　　　　　　　　8 000

　　　　贷：库存商品　　　　　　　　　　　　　　　　　　　8 000

6.3 销售收款和月末对账

　　销售业务办理完毕后，财务部应开具相应的增值税发票交予销售部，由销售部转交给客户，销售部及财务部应及时办理销售收款业务。款项应通过银行转账方式办理，尽量减少现金的使用，避免销售人员直接接触销售现款。款项应通过公司指定的账户进行办理，不得设置"私账"。若客户未在合同约定的期限内付款，销售部应发函通知对方付款。

　　和采购业务一样，销售业务也需要在每月末进行对账，以确保本月所发生的业务核算无误。销售人员应先与财务部进行对账工作，核对一致后，应及时与客户对账，与客户对账的主要内容包括销售数量、销售单价、销售金额、预收款情况及应收款余额等。对账应采用书面形式，在核对一致时，应由客户跟单人员签名并加盖公章后回寄给销售人员，如果因客户原因不能加盖公章时，至少应要求客户书面授权相关人员签名生效；对账不一致时，应查明原因，并与客户进行沟通，及时进行处理。对账单样式如表 6.1 所示。

表 6.1　对账单样式

客户名称				日期	
日期	上期余额	本期销售数量	本期销售金额	本期收到金额	期末余额
1 月 31 日	10 000				
2 月 5 日		80	8 000		
2 月 10 日				15 000	
2 月 28 日					3 000

1. 信息确认无误。	2. 信息不符，请列明不符项目及具体内容：
＿＿＿＿＿＿＿公司（盖章） ＿＿年＿＿月＿＿日 经办人：	＿＿＿＿＿＿＿公司（盖章） ＿＿年＿＿月＿＿日 经办人：

第 7 章
工业企业期间费用及往来款项的会计处理

期间费用是企业最常发生的业务之一，其高低也是影响企业净利润的重要因素，在很大程度上决定了企业的盈利能力。虽然有些期间费用金额较小，但发生频率较高，而且通常涉及企业经济利益的流出，所以也属于企业重点关注的领域。企业管理期间费用水平的高低，反映了企业管理者的管理能力是否优秀。对于企业发生的期间费用，除了要关注财务核算方面的问题外，还应该关注相关费用的真实性和准确性。

往来款项对企业经营的现金流产生直接影响，是企业持续经营的保障。往来款项的健康程度决定了企业营业利润的质量。做好企业往来款项管理工作，还能够从根本上提升企业生产经营建设全过程的资金利用率，使企业内部资金得到及时回笼，因此，需要结合企业实际生产需求，进一步完善往来款项管理体系，增强企业整体经济效益。

本章将介绍工业企业期间费用和往来款项的相关会计处理，主要涉及的知识点有：

- 期间费用的概念和分类
- 期间费用报销流程
- 期间费用的会计处理
- 往来款项的概念和分类
- 往来款项的确认和期末计价
- 往来款项的会计处理

7.1 期间费用的概念和分类

期间费用，是指企业在日常经营活动中发生的不能计入特定核算对象的成本，而应计入发生当期损益的费用。这里所说的不能计入特定核算对象，是指这些费用与企业营业收入没有直接关系，但会导致企业经济利益流出。例如，一家企业是做汽车生产的，企业采购钢铁等原材料，因为钢铁是生产汽车的必需品，所以计入汽车的成本，而企业的行政人员购买一批文具，这批文具与生产汽车没有直接关系，但是企业经营活动所必不可少的，这就是期间费用。

期间费用包括管理费用（含研发费用）、销售费用和财务费用。

管理费用是指企业管理部门为组织和管理生产经营活动而发生的各项费用支出。管理费用包括管理部门职工薪酬、办公费、业务招待费、差旅费、折旧费、摊销费和研发费用等。

销售费用是指企业在销售商品和材料、提供劳务的过程中所发生的各项费用支出。销售费用包括本公司承担的运输费、装卸费、保险费、展览费、销售佣金，销售部门的办公费、业务招待费、差旅费等。

财务费用是指企业在生产经营过程中为筹集资金所发生的费用支出。财务费用包括利息支出、汇兑损失和手续费等。注意企业收到的利息收入应当冲减利息支出。

为了使财务核算更加精细化，同时为了方便企业管理，期间费用核算时一般会设置二级科目，二级科目的设置如表 7.1 所示。

表 7.1　期间费用二级科目设置

期间费用类别	二级科目	核算内容
管理费用	职工工资	用于核算企业管理部门的员工工资
	社会保险费	用于核算企业管理部门员工的社会保险费
	职工教育经费	用于核算企业员工的教育经费
	工会经费	用于核算企业的工会经费
	福利费	用于核算企业管理部门发生的职工福利费

（续表）

期间费用类别	二级科目	核算内容
管理费用	办公费	用于核算企业发生的办公费
	差旅费	用于核算企业员工的出差费用
	业务招待费	用于核算企业发生的业务招待费
	交通费	用于核算企业发生的交通费，包括打车费、路桥费等
	通讯费	用于核算企业及员工的通讯费
	水电费	用于核算企业管理部门发生的水费和电费
	修理费	用于核算企业管理部门发生的修理费
	运输费	用于核算企业管理部门发生的运输费
	租赁费	用于核算企业管理部门发生的租赁费
	中介机构费	用于核算企业对外聘请中介机构而发生的费用
	董事会费	用于核算企业董事会发生的费用
	快递费	用于核算企业发生的快递邮寄费
	折旧费	用于核算企业管理部门固定资产的折旧费
	摊销费	用于核算企业管理部门无形资产的摊销费
	物料消耗费	用于核算企业管理部门耗用低值易耗品的费用
销售费用	职工工资	用于核算企业销售部门员工的工资
	社会保险费	用于核算企业销售部门员工的社会保险费
	福利费	用于核算企业销售部门发生的职工福利费
	运输费	用于核算企业销售部门发生的产品运输费
	装卸费	用于核算企业销售部门发生的产品装卸费
	包装费	用于核算企业销售部门发生的产品包装费
	广告费	用于核算企业销售部门发生的产品广告宣传费
	展览费	用于核算企业销售部门发生的产品展览费
	质量保证费	用于核算企业销售部门发生的产品质量保证费
	产品维修费	用于核算企业销售部门发生的产品维修费
	业务招待费	用于核算企业销售部门发生的业务招待费
	折旧费	用于核算企业销售部门固定资产的折旧费
	物料消耗费	用于核算企业销售部门耗用低值易耗品的费用
财务费用	利息收入	用于核算企业的存款利息收入
	利息支出	用于核算企业的贷款利息支出及其他筹资方式下支付的利息支出
	汇兑损失	用于核算企业的外币兑换价差形成的损益
	手续费	用于核算企业各种银行收支业务产生的手续费

7.2 期间费用报销流程

期间费用报销是企业最常见的业务之一，而且涉及经济利益，所以是企业财务部门重点关注的事项。

费用报销有三种情形：第一种是员工先从企业借支，然后用借支款支付相关费用，业务办理结束后借支款多退少补；第二种是员工先办理费用业务，然后取得相关业务凭据交到财务部门，由财务部门支付供应商该费用；第三种是员工先垫支相关费用，然后凭支付凭证到财务部门报销，财务部门支付员工该费用，这种是大多数人所了解的报销。

员工借支的流程一般如下。

申请人填写借支单——部门负责人审批——财务负责人审批——总经理审批——财务出纳支付

费用报销的流程一般如下。

申请人填写费用报销单——部门负责人审批——财务负责人审批——总经理审批——财务出纳支付

需要注意的是，员工借支办结相关业务后，应尽快与财务部门结算，如有结余应归还企业。费用报销单应填写规范，不得涂改，注意大小写金额一致，并附上相关业务的发票、财政收据作为附件以兹证明，增值税专用发票抵扣联应单独与财务部门进行签收。

借支单和费用报销单的样式分别如表 7.2 和表 7.3 所示。

表 7.2 借支单样式

年 月 日

借款人		所属部门	
借款金额（大写）		借款金额（小写）	
借款用途			
借款人开户银行			
借款人银行账号			
备注			

审批人： 财务审核： 部门审核： 经办人：

表 7.3　费用报销单样式

年　月　日

序号	项目	内容	单据张数	报销金额	备注
1	办公费				
2	业务招待费				
3	修理费				
4	快递费				
报销金额（大写）			报销金额（小写）		
原借款金额			本次应支付/退回金额		
审批人：		财务审核：	部门审核：		经办人：

7.3　期间费用的会计处理

　　行政管理部门在日常经营过程中所发生的办公费、业务招待费、水电费、中介机构费、差旅费等，借记"管理费用"科目，贷记"银行存款""库存现金""应付账款"等科目；行政管理部门计提的固定资产折旧费，借记"管理费用"科目，贷记"累计折旧"科目；行政管理部门员工的职工薪酬，借记"管理费用"科目，贷记"应付职工薪酬"科目。

　　企业因研发新产品发生的研发费用，满足资本化的部分，借记"研发支出——资本化支出"科目，贷记"原材料""应付职工薪酬""银行存款"等科目，期末结转研发费用时，借记"无形资产"科目，贷记"研发支出——资本化支出"科目；不满足资本化的部分，借记"研发支出——费用化支出"科目，贷记"原材料""应付职工薪酬""银行存款"等科目，期末结转研发费用时，借记"管理费用"科目，贷记"研发支出——费用化支出"科目。

　　企业在销售商品过程中发生的包装费、保险费、展览费、广告费、运输费、装卸费等费用，借记"销售费用"科目，贷记"银行存款""库存现金""应付账款"等科目；销售部门计提的固定资产折旧费，借记"销售费用"科目，贷记"累计折旧"科目；销售部门员工的职工薪酬，借记"销售费用"科目，贷记"应付职工薪酬"科目。

　　企业发生的利息支出、汇兑损失和手续费等，借记"财务费用"科目，贷记"银行存款""应付利息"等科目。发生的应冲减财务费用的利息收入、汇兑损失、现金折扣，借记"银行存款""应付账款"等科目，贷记"财务费用"科目（实务操作时一般用"借方"红字代替）。

期间费用的会计处理相对简单，企业需要关注的是费用的归属期间是否正确，如果相关费用已发生，但款项尚未支付，企业应通过费用计提的方式，把相关费用计入正确的会计期间。所谓计提，就是计算和提取，在权责发生制的前提下，把某些已经发生但未实际支付的费用计入所归属的期间。例如，很多企业是本月发放上月工资，如果按照付款时间归集费用，则上月费用会计入本月当中，违背了会计核算的真实性和可比性原则，这时就应该在上月末计提一笔工资，把费用归集到上月。

🔍 【案例分析】 〉〉〉〉

A公司为一家制造型企业，是增值税一般纳税人，1月管理部门员工工资30 000元，固定资产折旧费用20 000元，甲员工借支10 000元，报销办公费8 000元，剩余2 000元退回财务部门；销售部门员工工资50 000元；本月发生利息费用20 000元，已在银行账户划扣。A公司1月工资于2月中旬支付。

会计处理如下。

计提员工工资时：

借：管理费用	30 000
销售费用	50 000
贷：应付职工薪酬	80 000

计提固定资产折旧时：

| 借：管理费用 | 20 000 |
| 　贷：累计折旧 | 20 000 |

员工借支时：

| 借：其他应收款 | 10 000 |
| 　贷：银行存款 | 10 000 |

员工报销时：

借：管理费用	8 000
银行存款	2 000
贷：其他应收款	10 000

在银行账户划扣利息时：

借：财务费用 20 000

　　贷：银行存款 20 000

2 月支付 1 月工资时：

借：应付职工薪酬 80 000

　　贷：银行存款 80 000

7.4　往来款项的概念和分类

往来款项，是指企业在生产经营过程中因各种往来业务而产生的款项，包括应收、应付款项，预收、预付款项以及其他应收、其他应付款项。

六种往来款项对应的会计科目分别为"应收账款"、"应付账款"、"预收账款"、"预付账款"、"其他应收款"和"其他应付款"，其主要内容如表 7.4 所示。

表 7.4　往来款项的分类和概念

往来项目	款项性质	概念	举例
应收账款	资产类	指企业在正常的经营过程中因销售商品、产品，提供劳务等业务，应向购买单位收取的款项	A 公司销售一批商品给客户，客户尚未付款，对于 A 公司来说，这笔货款就是应收账款
应付账款	负债类	指企业在正常的经营过程中因购买材料、商品或接受劳务供应等，应向供应商支付的款项	A 公司从供应商处购买一批商品，尚未付款，对于 A 公司来说，这笔货款就是应付账款
预收账款	负债类	指企业按照购货合同的规定，向购货方预收的购货订金或部分货款	A 公司销售一批商品给客户，货物尚未发出，客户按照合同规定先支付了 20% 货款，对于 A 公司来说，这 20% 货款就是预收账款
预付账款	资产类	指企业按照合同的规定，预先支付给供应商的款项	A 公司从供应商处购买一批商品，供应商尚未发货，A 公司按照合同规定先支付了 20% 货款，对于 A 公司来说，这 20% 货款就是预付账款
其他应收款	资产类	指与企业的主营业务没有直接关系的各种应收及暂付款项	其他应收款的范围比较广，简单地说就是与生产经营无关的应收款项，比如 A 公司借款给股东，借出去的款项就是 A 公司的其他应收账款

（续表）

往来项目	款项性质	概念	举例
其他应付款	负债类	指与企业的主营业务没有直接关系的应付及暂收其他单位或个人的款项	其他应付款就是与生产经营无关的应付款项，比如 A 公司从股东处借入款项，该款项就是 A 公司的其他应付款

7.5 往来款项的确认和期末计价

企业应当采用历史成本对所有往来款项进行确认，即根据业务发生时的实际本位币金额对往来款项进行入账。

每年年末，企业应对应付款项账户进行清理，对确实无法支付的应付款项进行统计汇总，按规定流程报批后进行销账处理，计入"营业外收入"科目。

对于应收款项，企业应定期进行清理及账龄分析，及时提出可能会成为坏账的应收款项，并计提相应的坏账准备。

坏账准备的计提范围主要包括公司的各类应收款项，其中包含应收账款以及其他应收款。企业应根据自身经营状况计提各类坏账准备，坏账准备的计提比例如表 7.5 所示。

表 7.5　应收账款和其他应收款坏账计提比例

（单位：%）

账龄	坏账计提比例
1 年以内（包括 1 年）	5
1～2 年（包括 2 年）	10
2 年以上	100

每年年末，如果有客观证据表明应收款项发生减值，则将其账面价值减记至可收回金额，减记的金额确认为信用减值损失，计入当期损益，借记"信用减值损失"科目，贷记"坏账准备"科目。可收回金额是通过对其未来现金流量按原实际利率折现确定，并考虑相关担保物的价值。短期应收款项的预计未来现金流量与其现值相差很小，在确定相关减值损失时，不对其预计未来现金流量进行折现。

对于企业确实无法收回的应收款项，经批准后作为坏账并转销应收款项，借记"坏账准备"科目，贷记"应收账款"等科目。企业已确认并转销的应收款项在以后又收回的，应按实际收回的金额，借记"应收账款"等科目，贷记"坏账准备"科目；同时，借记"银行存款"等科目，贷记"应收账款"等科目。

Q 【案例分析】

A 公司为一家制造型企业，年末 A 公司应收账款余额为 1000 000 元，其中账龄 1 年以内的金额为 800 000 元，账龄 1～2 年的金额为 200 000 元。假设 A 公司以前从未计提坏账准备，自本年起根据账龄计提坏账准备。

A 公司应计提的坏账准备 =800 000×5%+200 000×10%=60 000（元）

A 公司的会计处理如下。

借：信用减值损失		60 000
贷：坏账准备		60 000

如果 A 公司确认无法收回上述坏账，则

借：坏账准备		60 000
贷：应收账款		60 000

如果 A 公司在以后收回上述已转销的坏账，则

借：应收账款		60 000
贷：坏账准备		60 000
借：银行存款		60 000
贷：应收账款		60 000

7.6　往来款项的会计处理

往来款项的会计处理，主要从六类往来款项的处理入手。

（1）发生采购业务时的往来款项处理

借：原材料等

　　应交税费——应交增值税（进项税额）

　　贷：应付账款

支付相关货款时：

借：应付账款

　　贷：银行存款等

若因债权人撤销而转销无法支付的应付账款时：

借：应付账款

　　贷：营业外收入

（2）发生销售业务时的往来款项处理

借：应收账款

　　贷：主营业务收入

　　　　应交税费——应交增值税（销项税额）

收到相关货款时：

借：银行存款等

　　贷：应收账款

期末计提坏账准备时：

借：信用减值损失

　　贷：坏账准备

确认无法收到相关款项并转销应收账款时：

借：坏账准备

　　贷：应收账款

（3）预先收到客户货款时的往来款项处理

借：银行存款等

　　贷：预收账款

货物发出后应先冲减预收账款，余额以应收账款列示：

借：预收账款

　　应收账款

　　贷：主营业务收入

　　　　应交税费——应交增值税（销项税额）

（4）预先支付供应商货款时的往来款项处理

借：预付账款

　　贷：银行存款等

收到货物或应先冲减预付账款，余额以应付账款列示：

借：原材料等

　　应交税费——应交增值税（进项税额）

　　　贷：预付账款

　　　　　应付账款

（5）发生与主营业务没有直接关系的应收款项处理

借：其他应收款

　　　贷：银行存款 / 营业外收入等

（6）发生与主营业务没有直接关系的应付款项处理

借：银行存款 / 营业外支出等

　　　贷：其他应付款

对于往来款项，企业除了要准备核算外，还应当定期与有关部门进行对账。对于应收账款和应付账款，企业除了要进行内部对账外，还应当与客户、供应商进行外部对账。企业财务部门和销售部门负责应收账款的监控和催收工作，加强对应收账款的定期监控，按照合同规定准时收回应收账款。

Ｑ【案例分析】　　　　　　　　　　　　　　　　　　　　　　　　　　　　　>>>>

A 公司为一家制造型企业，销售商品收入为 100 000 元，增值税额为 13 000 元，在发货之前，客户已支付 30 000 元预付款，剩余款项在收到货物后支付。采购原材料金额为 50 000 元，增值税额为 6 500 元，货款在收到货物后一次性支付。甲员工从本公司借支 5 000 元作为备用金，用于出差费用，实际发生差旅费 3 000 元，剩余 2 000 元退回公司账户。通过招标方式采购一台设备，收到供应商的投标保证金 10 000 元，款项于招标结束后退还供应商。

A 公司的会计处理如下。

收到客户预付款时：

借：银行存款　　　　　　　　　　　　　　　　　　　　　　　30 000

　　　贷：预收账款　　　　　　　　　　　　　　　　　　　　　30 000

销售商品时：

借：预收账款　　　　　　　　　　　　　　　　　　　　　　　30 000

　　应收账款　　　　　　　　　　　　　　　　　　　　　　　83 000

  贷：主营业务收入   100 000

    应交税费——应交增值税（销项税额）   13 000

收到商品剩余货款时：

借：银行存款   83 000

  贷：应收账款   83 000

采购原材料时：

借：原材料   50 000

  应交税费——应交增值税（进项税额）   6 500

  贷：应付账款   56 500

支付原材料货款时：

借：应付账款   56 500

  贷：银行存款   56 500

支付甲员工出差备用金时：

借：其他应收款   5 000

  贷：银行存款   5 000

甲员工报销出差费用时：

借：管理费用   3 000

  银行存款   2 000

  贷：其他应收款   5 000

收到供应商投标保证金时：

借：银行存款   10 000

  贷：其他应付款   10 000

退回供应商投标保证金时：

借：其他应付款   10 000

  贷：银行存款   10 000

第8章
工业企业固定资产和无形资产的会计处理

固定资产是企业资产的重要组成部分，尤其在工业企业中，固定资产往往金额较高，占企业资产的比例较大，是企业生产经营的基础和后盾。只有正确认识固定资产的重要性，提高固定资产核算的准确性，才能更好地管理企业，为企业的发展提供保障。

无形资产代表着企业的核心竞争力，由于其不具有实物形态，很多企业管理层往往会忽视无形资产的价值，很少对其进行评估和管理，导致企业无法在同行竞争中发挥优势。

本章主要涉及的知识点有：

- 固定资产初始确认
- 固定资产折旧的计量
- 固定资产的处置
- 无形资产的初始确认
- 无形资产摊销的计量
- 无形资产的处置

8.1 固定资产的处理

本节主要讲述固定资产从形成到处置的一系列处理方法，读者通过该部分的学习可以了解工业企业固定资产全套账务处理流程和技巧。

8.1.1 固定资产的初始确认

《企业会计准则》规定，固定资产是企业为生产产品、提供劳务、出租或经营管理而持有的，使用寿命超过一个会计年度的有形资产。固定资产只有满足以下两个条件，才能予以确认。

（1）与该固定资产有关的经济利益很有可能流入企业。

（2）该固定资产的成本能够可靠地计量。

很多人可能会问，达到多少金额的资产才能作为固定资产进行核算？《企业会计准则》已经没有在金额上做过多的要求，实际上一些企业 500 万元以下的资产都能一次性在所得税前抵扣，无须再通过折旧分摊到每一期间。企业管理者完全可以依照经营管理的需求，秉承实质重于形式的原则，制定与本公司经营状况相匹配的固定资产管理制度。

固定资产的初始确认，是指对固定资产初始成本的确定，包括企业为购建该固定资产所发生的一切合理、必要的支出。

固定资产根据其取得渠道的不同，可有三种不同的初始确认方式：外购方式、自行建造方式、其他方式。

1. 外购方式取得的固定资产

外购方式取得的固定资产，是指企业从外部供应商处购入的固定资产，其入账成本包括购买价款、相关税费以及其他与该固定资产相关的直接支出。

用公式表示为：

入账成本 = 购买价格（不含税价格，进项税通常可以抵扣）+ 相关税费（关税、

车辆购置税等）＋运输费＋装卸费＋安装费＋专业人员服务费

会计处理如下。

（1）购入不需要安装的固定资产

借：固定资产

　　　应交税费——应交增值税（进项税额）

　　　贷：应付账款／银行存款等

（2）购入需要安装的固定资产

购入时：

借：在建工程

　　　应交税费——应交增值税（进项税额）

　　　贷：应付账款／银行存款等

发生安装费用时：

借：在建工程

　　　贷：应付账款／银行存款等

　　　　　原材料

　　　　　应付职工薪酬

安装完成达到预定可使用状态时：

借：固定资产

　　　贷：在建工程

【案例分析】

A 公司是一家制造型企业，20×2 年 6 月，A 公司购入一台生产设备，取得的增值税专用发票上注明买价为 1 000 000 元，增值税税额为 130 000 元，支付运输费用（含税）10 900 元（取得运输专用发票，增值税税率为 9%），设备已投入使用，全部款项已用银行存款付清。

该案例中，由于设备直接投入使用，无须安装，其会计分录如下。

借：固定资产　　　　　　　1 010 000（1 000 000＋10 900/1.09）

　　　应交税费——应交增值税（进项税额）

　　　　　　　　　　　　　130 900（130 000＋10 900/1.09×0.09）

　　　贷：银行存款　　　　1 140 900（1 000 000＋130 000＋10 900）

沿用上述案例，假设该设备需要安装才能使用。安装设备时，领用本公司一批原材料，价值50 000元；转账支付安装工人的工资为40 000元；另支付其他相关安装费用30 000元。

这时候的会计分录如下。

购入时：

借：在建工程	1 010 000
应交税费——应交增值税（进项税额）	130 900
贷：银行存款	1 140 900

发生安装费用时：

借：在建工程	120 000
贷：原材料	50 000
应付职工薪酬	40 000
银行存款	30 000

安装完成达到预定可使用状态时：

借：固定资产	1 130 000
贷：在建工程	1 130 000

2. 自行建造方式取得的固定资产

自行建造方式取得的固定资产，是指企业自营建造以及外包给他人建造的固定资产，其入账成本包括建造该项固定资产达到预定可使用状态前所发生的全部支出。与外购方式取得的固定资产相比，企业自行建造方式取得的固定资产往往工程量较大，建造时间长，所以，为了合理归集建造期间的成本，应通过"在建工程"科目核算。

自行建造方式取得的固定资产，其入账成本公式为

$$入账成本 = 工程用物资成本 + 人工成本 + 相关税费 +$$
$$应予资本化的借款费用 + 其他间接费用$$

会计处理如下。

领用工程物资时：

借：在建工程
贷：工程物资

领用原材料、耗用人工费用时：

借：在建工程

　　贷：原材料

　　　　应付职工薪酬

发生其他安装费用时：

借：在建工程

　　贷：银行存款

工程达到预定可使用状态时：

借：固定资产

　　贷：在建工程

需要强调的是，如果固定资产竣工结算日晚于达到预定可使用状态日，在预定可使用状态日先按暂估原价计入固定资产，并且从下月开始计提折旧，等到竣工决算日有了准确的成本数据，再修正原入账价值，但已计提折旧不再调整。

【案例分析】

A 公司是一家制造型企业，20×1 年 1 月，A 公司自行建造厂房，购入工程用物资 800 000 元，支付的增值税款为 104 000 元，工程物资全部用于该厂房建设；负责该工程项目的工人工资合计 200 000 元，支付其他安装费用 100 000元，支付银行借款利息 100 000 元（符合资本化条件）。厂房于 20×2 年 3 月达到预定可使用状态，5 月发生工程收尾费用 10 000 元，并于 5 月末办理工程决算。假定该厂房的使用年限为 20 年。

会计分录如下。

购入工程物资时：

借：工程物资　　　　　　　　　　　　　　　　　　　800 000

　　应交税费——应交增值税（进项税额）　　　　　　104 000

　　贷：银行存款　　　　　　　　　　　　　　　　　　　　904 000

领用工程物资时：

借：在建工程　　　　　　　　　　　　　　　　　　　800 000

　　贷：工程物资　　　　　　　　　　　　　　　　　　　　800 000

发生人工费用时：

借：在建工程 200 000

　　贷：应付职工薪酬 200 000

发生其他安装费用时：

借：在建工程 100 000

　　贷：银行存款 100 000

支付银行利息时：

借：在建工程 100 000

　　贷：应付利息 100 000

借：应付利息 100 000

　　贷：银行存款 100 000

厂房达到预定可使用状态时：

借：固定资产 1 200 000

　　贷：在建工程 1 200 000

20×2 年 4 月计提折旧时：

借：制造费用 5 000[1 200 000÷（20×12）]

　　贷：累计折旧 5 000

20×2 年 5 月发生工程收尾费用时：

借：固定资产 10 000

　　贷：银行存款 10 000

注意：从 20×2 年 6 月开始计提折旧时，应将收尾费用金额加到原固定资产账面价值上，以合计数为基础计提折旧，原已计提的折旧金额不再追溯调整。

3. 其他方式取得的固定资产

其他方式取得的固定资产，包括以投资者投入方式、非货币性资产交易方式、债务重组方式和固定资产盘盈方式取得的固定资产。

（1）企业接受投资者以固定资产作为出资时，其会计处理如下。

借：固定资产

　　应交税费——应交增值税（进项税额）

　　贷：实收资本

（2）企业通过非货币性资产交易获得固定资产时，其会计处理如下。

借：固定资产

　　应交税费——应交增值税（进项税额）

　　　贷：主营业务收入 / 固定资产清理 / 无形资产等

　　　　　应交税费——应交增值税（销项税额）

（3）企业通过债务重组获得固定资产时，其会计处理如下。

借：固定资产

　　应交税费——应交增值税（进项税额）

　　坏账准备

　　　贷：应收账款

（4）企业发生固定资产盘盈时，应作为前期差错进行处理，确定盘盈固定资产的重置成本和成新率，追溯调整以前年度损益金额。其会计处理如下。

借：固定资产

　　　贷：累计折旧

以前年度损益调整

借：以前年度损益调整

　　　贷：利润分配——未分配利润

🔍 【案例分析】 ————————————————————>>>>>

20×2 年 1 月，A 公司对固定资产进行月度盘点，盘盈一台九成新的设备，该设备目前的市场价格是 50 000 元。

会计分录如下。

借：固定资产　　　　　　　　　　　　　　　50 000

　　贷：累计折旧　　　　　　　　　　　　　　5 000

　　　　以前年度损益调整　　　　　　　45 000（50 000×0.9）

借：以前年度损益调整　　　　　　　　　45 000

　　贷：利润分配——未分配利润　　　　　　45 000

8.1.2 固定资产折旧的计量

企业在生产经营过程中使用固定资产而使其损耗，导致价值减少，仅余一定残值，其原值与残值之差在其使用年限内进行分摊，分摊的金额就是固定资产折旧。

固定资产一般价值较大，使用期限长，如果将该支出一次性计入购置的月份，就会对当期利润产生重大影响，而后续期间尽管也能从该固定资产中获得受益，但没有相应的支出。因此，为了能更准确地核算企业经营成本，有必要对固定资产计提折旧，在受益期内平均其支出，分月列支。

根据《企业会计准则》规定，企业须对以下固定资产计提折旧。

（1）房屋建筑物。

（2）在用的机器设备、仪器仪表、运输车辆、工具器具。

（3）季节性停用及修理停用的设备。

（4）以经营租赁方式租出的固定资产和以融资租赁方式租入的固定资产。

另外，企业无须对以下固定资产计提折旧。

（1）已计提折旧仍继续使用的固定资产。

（2）以前年度已经估价单独入账的土地。

（3）提前报废的固定资产。

（4）以经营租赁方式租入的固定资产和以融资租赁方式租出的固定资产。

企业购入不需要安装的固定资产，从固定资产入账的下月开始计提折旧；购入需要安装的固定资产，从安装完毕投入使用的下个月开始计提折旧；自行建造方式取得的固定资产，自达到预定可使用状态的下个月开始计提折旧；其他方式取得的固定资产，自固定资产入账的下个月开始计提折旧。

根据《中华人民共和国企业所得税法实施条例》第六十条规定，除国务院财政、税务主管部门另有规定外，固定资产计算折旧的最低年限如下：

（一）房屋、建筑物，为20年。

（二）飞机、火车、轮船、机器、机械和其他生产设备，为10年。

（三）与生产经营活动有关的器具、工具、家具等，为5年。

（四）飞机、火车、轮船以外的运输工具，为4年。

（五）电子设备，为3年。

在《企业会计准则》中，固定资产折旧方法包括年限平均法、工作量法、双倍余额递减法和年数总和法。

1. 年限平均法

年限平均法又叫直线法，是最简单且应用最广泛的一种折旧方法。这种方法是用固定资产原值减去预计净残值后再除以固定资产预计使用年限，求得每年的折旧费用，然后除以 12，求得每月的折旧费用。

年限平均法的计算公式为

$$年折旧额 =（固定资产原值 - 预计净残值）÷ 固定资产预计使用年限$$
$$月折旧额 = 年折旧额 ÷ 12$$

2. 工作量法

工作量法是指根据实际工作量计提固定资产折旧额的一种方法，这种方法弥补了年限平均法只注重使用时间、不考虑使用强度的缺点。

工作量法的计算公式为

$$年折旧额 =（固定资产原值 - 预计净残值）÷ 预计总工作量 × 当年工作量$$
$$月折旧额 = 年折旧额 ÷ 12$$

3. 双倍余额递减法

双倍余额递减法，是指在不考虑固定资产预计净残值的情况下，根据每期期初固定资产原值减去累计折旧后的金额（即固定资产净值）双倍的直线法折旧率相乘，计算固定资产折旧的一种方法。在固定资产使用年限的最后两年改用年限平均法，此时要考虑预计净残值的影响。

双倍余额递减法的计算公式为

$$年折旧额 =（固定资产原值 - 累计折旧）× 2 ÷ 预计使用年限$$
$$最后两年年折旧额 =（固定资产原值 - 累计折旧 - 预计净残值）÷ 2$$
$$月折旧额 = 年折旧额 ÷ 12$$

4. 年数总和法

年数总和法，是指用固定资产原值减去预计净残值后的余额乘以一个以固定资产尚可使用年限为分子，以预计使用年限逐年数字之和为分母的分数，以计算每年的折旧额的一种方法。

年数总和法的计算公式为

$$年折旧额 ＝（固定资产原值 － 预计净残值）× 尚可使用年限 ÷$$

$$预计使用年限的年数总和$$

$$月折旧额 ＝ 年折旧额 ÷ 12$$

双倍余额递减法和年数总和法有一个共同的特点，即在固定资产使用的前期计提折旧额较多，后期计提折旧额较少，起到了加快折旧速度的效果，因此统称为"加速折旧法"。

四种不同折旧方法的适用情形和优缺点如表 8.1 所示。

表 8.1　四种折旧方法的适用情形和优缺点

折旧方法	适用情形	优点	缺点
年限平均法	适用于固定资产在各个期间使用情况大致相同的企业	简单明了，容易计算，操作方便，应用范围广泛	忽略了不同时期固定资产使用强度的不均衡性对折旧的影响
工作量法	适用于与运输相关的企业或者季节性较为明显的企业	简单实用，使固定资产折旧与使用强度相匹配，更贴近实际	不能充分反映固定资产无形损耗对折旧的影响，对总工作量的预计有一定难度
双倍余额递减法	适用于技术进步较快行业的企业或大型制造企业	固定资产在前期使用价值高，创造的收益也大，因此前期加速折旧符合实际情况；同时在前期加大折旧额起到了递延税款的作用	在固定资产数量较多的情况下，计算折旧的工作量较大
年数总和法			

固定资产折旧应根据该资产所对应的成本对象，把折旧费用归集到相应的成本费用项目当中，计提固定资产折旧的会计分录如下。

借：管理费用（用于行政管理部门）

销售费用（用于销售部门）

制造费用（用于生产车间）

在建工程（用于工程建设）

研发支出（用于项目研发）

其他业务成本（用于经营出租）

贷：累计折旧

◎【案例分析】

A 公司是一家制造型企业，20×2 年 12 月购入一台设备用于生产商品，价值 200 000 元，A 公司预计该设备可使用 5 年，预计净残值为 20 000 元。A 公司使用年限平均法计提固定资产折旧，假设不考虑相关税费的影响。

A 公司每年的折旧额如下。

20×3 年折旧额 =（200 000-20 000）÷5=36 000（元）

20×4 年折旧额 =（200 000-20 000）÷5=36 000（元）

20×5 年折旧额 =（200 000-20 000）÷5=36 000（元）

20×6 年折旧额 =（200 000-20 000）÷5=36 000（元）

20×7 年折旧额 =（200 000-20 000）÷5=36 000（元）

如果 A 公司使用工作量法计提固定资产折旧，设备的工作量与商品产量成正比，预计商品总产量为 10 000 件，20×3～20×7 年该设备实际生产的产品数量如表 8.2 所示。

表 8.2　20×3～20×7 年份商品产量统计示意

（单位：件）

年份	商品产量
20×3	2 500
20×4	2 000
20×5	2 500
20×6	1 500
20×7	1 500
合计	10 000

A 公司每年的折旧额如下。

20×3 年折旧额 =（200 000-20 000）×2 500÷10 000=45 000（元）

20×4 年折旧额 =（200 000-20 000）×2 000÷10 000=36 000（元）

20×5 年折旧额 =（200 000-20 000）×2 500÷10 000=45 000（元）

20×6 年折旧额 =（200 000-20 000）×1 500÷10 000=27 000（元）

20×7 年折旧额 =（200 000-20 000）×1 500÷10 000=27 000（元）

如果 A 公司使用双倍余额递减法计提固定资产折旧，A 公司每年的折旧额如下：

20×3 年折旧额 =（200 000-0）×2÷5=80 000（元）

20×4 年折旧额 =（200 000-80 000）×2÷5=48 000（元）

20×5 年折旧额 =（200 000-80 000-48 000）×2÷5=28 800（元）

20×6 年折旧额 =（200 000-80 000-48 000-28 800-20 000）÷2=11 600（元）

20×7 年折旧额 =（200 000-80 000-48 000-28 800-20 000）÷2=11 600（元）

如果 A 公司使用年数总和法计提固定资产折旧，A 公司每年的折旧额如下：

20×3 年折旧额 =（200 000-20 000）×5÷（1+2+3+4+5）=60 000（元）

20×4 年折旧额 =（200 000-20 000）×4÷（1+2+3+4+5）=48 000（元）

20×5 年折旧额 =（200 000-20 000）×3÷（1+2+3+4+5）=36 000（元）

20×6 年折旧额 =（200 000-20 000）×2÷（1+2+3+4+5）=24 000（元）

20×7 年折旧额 =（200 000-20 000）×1÷（1+2+3+4+5）=12 000（元）

8.1.3　固定资产的处置

固定资产的处置，是指企业对闲置或已经没有使用价值的固定资产进行的处理工作，包括固定资产的报废和出售。

企业因报废、毁损等原因而终止确认固定资产的，应通过"固定资产清理"科目归集所发生的损益，其产生的利得或损失计入营业外收入或营业外支出。企业出售固定资产且未划归为持有待售类别的，应通过"固定资产清理"科目归集所发生的损益，其产生的利得或损失转入"资产处置损益"科目，计入当期损益。

企业处置固定资产，其会计处理一般包括以下步骤。

（1）将固定资产转入清理

借：固定资产清理

　　累计折旧

　　固定资产减值准备（如有）

　　贷：固定资产

（2）发生清理费用

借：固定资产清理

　　应交税费——应交增值税（进项税额）

　　贷：银行存款

（3）出售固定资产或残料收入

借：银行存款

　　贷：固定资产清理

　　应交税费——应交增值税（销项税额）

（4）保险赔款（如有）

借：其他应收款（若已收到赔款，此处为"银行存款"）

　　贷：固定资产清理

（5）净损益结转

到了最后一个步骤，固定资产报废和出售的会计处理有所不同。

①对于固定资产报废的会计处理

借：固定资产清理

　　贷：营业外收入

或者

借：营业外支出

　　贷：固定资产清理

②对于固定资产出售的会计处理

借：固定资产清理

　　贷：资产处置损益

或者

借：资产处置损益

　　贷：固定资产清理

固定资产报废属于对固定资产的"被动处置"，该资产因自然灾害等受到毁损或者已丧失物理性能，对企业已没有任何作用，企业不得不对其进行处置，由此产生的净损益归入营业外收支比较合理。而固定资产出售属于企业的自主行为，企业因生产经营需求主动放弃某些固定资产，以求得资产效益的最大化（该固定资产还存在使用价值），属于企业的正常经营行为，这种"主动处置"所产生的净损益应当归入资产处置损益。

🔍 【案例分析】 ＞＞＞＞

该 A 公司是一家制造型企业，一台设备因自然灾害而毁损，已丧失物理性能，该公司管理层决定对该设备进行报废处理。该设备原值300 000元，已计提折旧额200 000元，处置该资产时发生清理费用5 000元，设备残料作为废品出售获得10 000元，收到保险公司赔款30 000元，相关款项已通过银行账户收取。假设不考虑相关税费的影响。

A公司的会计处理如下。

固定资产转入清理：

借：固定资产清理	100 000	
累计折旧	200 000	
贷：固定资产		300 000

支付清理费用：

借：固定资产清理	5 000	
贷：银行存款		5 000

获得残料出售收入：

借：银行存款	10 000	
贷：固定资产清理		10 000

收到保险赔款：

借：银行存款	30 000	
贷：固定资产清理		30 000

这时候"固定资产清理"科目的余额为100 000+5 000-10 000-30 000=65 000元，余额为借方，最后结转净损益：

借：营业外支出	65 000	
贷：固定资产清理		65 000

该固定资产处置结果为净亏损65 000元。

🔍 【案例分析】 ————————————————>>>>>

A公司是一家制造型企业，因生产经营需求，决定出售一台在用设备，该设备原值300 000元，已计提折旧200 000元，已计提减值准备20 000元，出售该设备获得收入100 000元，款项已通过银行账户收取。假设不考虑相关税费的影响。

A公司的会计处理如下。

固定资产转入清理：

借：固定资产清理　　　　　　　　　　　　　　　　　　80 000

　　累计折旧　　　　　　　　　　　　　　　　　　　200 000

　　固定资产减值准备　　　　　　　　　　　　　　　　20 000

　　贷：固定资产　　　　　　　　　　　　　　　　　　　300 000

获得固定资产出售收入：

借：银行存款　　　　　　　　　　　　　　　　　　　100 000

　　贷：固定资产清理　　　　　　　　　　　　　　　　　100 000

这时候"固定资产清理"科目的余额为 100 000-80 000=20 000 元，余额为贷方，最后结转净损益：

借：固定资产清理　　　　　　　　　　　　　　　　　　20 000

　　贷：资产处置损益　　　　　　　　　　　　　　　　　20 000

该固定资产处置结果为净收益 20 000 元。

8.2　无形资产的处理

本节主要讲述无形资产从形成到处置的一系列处理方法，读者通过学习该部分内容可以了解工业企业无形资产的全套账务处理流程和技巧。

8.2.1　无形资产的初始确认

无形资产，是指公司拥有或者控制的，没有实物形态的、可辨认的非货币性资产。无形资产主要包括土地使用权、商标权、特许权、专利权和非专利技术等。

只有同时满足下列三个条件，公司才将其确认为无形资产。

（1）符合无形资产的定义。

（2）与该资产相关的预计未来经济利益很可能流入公司。

（3）该资产的成本能够可靠地计量。

无形资产按照实际成本计量，其成本包括购买价款、相关税费以及直接归属于使该项资产达到预定用途所发生的其他支出。无形资产按其取得渠道的不同，可分为三种不同的初始确认方式：外购方式、自行研发方式和接受其他单位投资方式。

1. 外购方式取得的无形资产

对于企业外购的无形资产，其成本就是为取得无形资产并使之达到预定用途而发生的全部支出。

会计处理如下：

借：无形资产

应交税费——应交增值税（进项税额）

贷：应付账款 / 银行存款等

Q 【案例分析】 >>>>

A 公司为一家制造型企业，是增值税一般纳税人，1 月购入一项商标权，不含税金额为 100 000 元，增值税税率为 13%，款项已通过银行账户支付。

A 公司的会计处理如下。

借：无形资产 100 000

应交税费——应交增值税（进项税额） 13 000

贷：银行存款 113 000

2. 自行研发方式取得的无形资产

对于企业自行研发的无形资产，其成本包括自满足无形资产确认条件后至达到预定用途前所发生的支出总额。

企业自行研发无形资产过程分为研究阶段和开发阶段。

研究阶段是指为获取新的技术和知识等进行的有计划的调查、研究。处于这一阶段时，研究是否能形成无形资产并给企业带来效益存在很大的不确定性，因此研究阶段的有关支出在发生时应当计入当期损益。

开发阶段是指在进行商业性生产或使用前，将研究成果或其他知识应用于某项计划或设计，以生产出新的或具有实质性改进的材料、装置、产品等。相对于研究阶段而言，开发阶段应当是已完成研究阶段的工作，在很大程度上具备了形成一项新产品或新技术的基本条件，因此，开发阶段中符合资本化条件的有关支出在发生时可以资本化，计入无形资产成本。对于开发阶段中不符合资本化条件的有关支出，也应该在发生当期计入当期损益。

会计处理如下。

（1）研究阶段

发生支出时：

借：研发支出——费用化支出

　　贷：银行存款 / 应付职工薪酬等

期末：

借：管理费用

　　贷：研发支出——费用化支出

（2）开发阶段

发生支出时：

借：研发支出——费用化支出

　　研发支出——资本化支出

　　　贷：银行存款 / 应付职工薪酬等

期末：

借：管理费用

　　贷：研发支出——费用化支出

无形资产达到预定用途时：

借：无形资产

　　贷：研发支出——资本化支出

🔍 【案例分析】

A 公司为一家制造型企业，于本年自行研发一项新技术，并打算就该项新技术申请专利。该研发活动分为研究阶段和开发阶段。研究阶段共发生费用 50 000 元，其中耗用原材料费用 20 000 元，研发人员薪酬 30 000 元；开发阶段共发生费用 100 000 元，其中耗用原材料费用 30 000 元，研发人员薪酬 50 000 元，折旧费用 15 000 元，专利申请相关费用 5 000 元，开发阶段所有费用皆符合资本化条件。该项专利技术已注册完毕，达到预定用途，相关款项均未支付。

假设不考虑相关税费的影响。

A 公司的会计处理如下。

（1）研究阶段

发生支出时：

借：研发支出——费用化支出　　　　　　　　　　　　　50 000
　　贷：原材料　　　　　　　　　　　　　　　　　　　　　20 000
　　　　应付职工薪酬　　　　　　　　　　　　　　　　　　30 000

期末：

借：管理费用　　　　　　　　　　　　　　　　　　　　50 000
　　贷：研发支出——费用化支出　　　　　　　　　　　　　50 000

（2）开发阶段

发生支出时：

借：研发支出——资本化支出　　　　　　　　　　　　　100 000
　　贷：原材料　　　　　　　　　　　　　　　　　　　　　30 000
　　　　应付职工薪酬　　　　　　　　　　　　　　　　　　50 000
　　　　累计折旧　　　　　　　　　　　　　　　　　　　　15 000
　　　　应付账款　　　　　　　　　　　　　　　　　　　　5 000

无形资产达到预定用途时：

借：无形资产　　　　　　　　　　　　　　　　　　　　100 000
　　贷：研发支出——资本化支出　　　　　　　　　　　　100 000

3. 接受其他单位投资方式取得的无形资产

投资者投入无形资产的成本，应当按照投资合同或协议约定的价值进行确定，但合同或协议约定价值不公允的应按无形资产的公允价值入账。

会计处理如下。

借：无形资产
　　应交税费——应交增值税（进项税额）
　　贷：实收资本

🔍 【案例分析】　————————————————————————————————>>>>

A 公司为一家制造型企业，于本月引入一个新投资者，该投资者以一项土地使用权作为出资，该土地使用权原值为 5 000 000 元，合同约定该土地按原值入账，出资额均计入企业注册资本，不形成资本溢价。假设不考虑相关税费。

A 公司的会计处理如下。

借：无形资产　　　　　　　　　　　　　　　　　5 000 000

　　贷：实收资本　　　　　　　　　　　　　　　　　5 000 000

8.2.2　无形资产摊销的计量

无形资产摊销是指无形资产原值在其有效期限内分期摊销的处理方法。

无形资产摊销一般采用直线法，净残值一般为零。无形资产自取得当月起在预计使用年限内分期平均摊销。需要记住的是，当月增加的无形资产，当月开始摊销；当月减少的无形资产，当月不再摊销。

无形资产的摊销年限一般按照以下原则确定。

（1）如果只有合同约定受益年限，则摊销期不应超过合同约定受益年限。

（2）如果只有法律规定使用年限，则摊销期不应超过法律规定使用年限。

（3）如果既有合同约定受益年限，又有法律规定使用年限，则摊销期不应超过两者中的较小者。

（4）如果既没有合同约定受益年限，又没有法律规定使用年限，则摊销期不应低于 10 年。

对于使用寿命不确定的无形资产，在持有期间无须进行摊销，但应当在每一会计期末进行减值测试。

无形资产的摊销金额一般应当计入当期损益，如管理费用、其他业务成本等。但是，如果该无形资产摊销时，其经济利益是通过转入所生产的商品或者其他资产实现的，那么摊销金额就应当计入相关资产成本中。比如企业在自用土地上建造办公楼，则土地使用权的摊销金额应通过"在建工程"科目核算，计入办公楼建造成本。

无形资产摊销的会计分录如下。

借：管理费用（用于行政管理）

其他业务成本（用于出租）

研发支出（用于研发项目）

在建工程（用于建造工程）

制造费用（用于生产商品）

贷：累计摊销

🔍 【案例分析】————————————————————————>>>>>

A公司为一家制造型企业，20×3年1月公司购进一项专利使用权和一套财务ERP系统。该专利使用权用于生产甲商品，合同约定专利使用权的有效时间为5年，而财务ERP系统主要用于财务核算，没有使用时间限制，A公司预计将使用10年。专利使用权的合同价款为100 000元，财务ERP系统的合同价款为30 000元。假设不考虑相关税费的影响。

A公司20×3年1月购入专利使用权和财务ERP系统，应当从当月开始计提摊销，则20×3年计提了12个月的摊销。专利使用权和财务ERP系统的摊销年限分别为5年和10年。

20×3年专利使用权摊销金额=100 000÷5=20 000（元）

20×3年财务ERP系统摊销金额=30 000÷10=3 000（元）

会计分录如下。

借：制造费用　　　　　　　　　　　　　　　　　20 000

　　贷：累计摊销　　　　　　　　　　　　　　　　　　20 000

借：管理费用　　　　　　　　　　　　　　　　　3 000

　　贷：累计摊销　　　　　　　　　　　　　　　　　　3 000

8.2.3　无形资产的处置

无形资产的处置方式有报废、出售、出租和对外捐赠。

无形资产的报废是指无形资产预期不能为企业带来未来经济利益，不再符合无形资产的定义，企业将其转销的行为。无形资产报废时产生的净损失应通过"营业外支出"科目核算。

其会计分录如下。

　　借：累计摊销

　　　　无形资产减值准备

　　　　营业外支出

　　　　贷：无形资产

　　无形资产的出售是指企业将无形资产出售给其他单位或个人，表明企业放弃无形资产的所有权。无形资产出售时产生的净损益应通过"资产处置损益"科目核算，其会计分录如下。

　　借：银行存款

　　　　累计摊销

　　　　无形资产减值准备

　　　　资产处置损益（借差，代表净损失）

　　　　贷：无形资产

　　　　　　应交税费——应交增值税（销项税额）

　　　　　　资产处置损益（贷差，代表净收益）

　　无形资产的出租是指企业将无形资产的使用权让渡给他人，并收取租金，属于与公司日常活动相关的其他经营活动所取得的收入，应确认相关的收入及成本。出租无形资产取得的租金收入，应记入"其他业务收入"科目；摊销出租无形资产的成本，应记入"其他业务成本"科目。其会计分录如下。

　　借：银行存款

　　　　贷：其他业务收入

　　　　　　应交税费——应交增值税（销项税额）

　　借：其他业务成本

　　　　贷：累计摊销

　　无形资产的对外捐赠是指企业将无形资产无偿转让给其他个人、单位或团体的行为。无形资产对外捐赠产生的净损失应通过"营业外支出"科目核算，其会计分录如下。

　　借：累计摊销

　　　　无形资产减值准备

　　　　营业外支出

贷：无形资产

【案例分析】

　　A公司为一家制造型企业，因生产经营需求，决定出售一项商标权，该商标权原值为 100 000 元，已计提摊销 50 000 元，出售该设备获得收入 60 000元，款项已通过银行账户收取。假设不考虑相关税费的影响。

　　A公司的会计处理如下。

借：银行存款　　　　　　　　　　　　　　　　　60 000
　　累计摊销　　　　　　　　　　　　　　　　　50 000
　　贷：无形资产　　　　　　　　　　　　　　　　　　100 000
　　　　资产处置损益　　　　　　　　　　　　　　　　　10 000

该无形资产处置结果为净收益 10 000 元。

第9章
工业企业财务报表的编制

财务报表是企业经营成果的反映，同时是企业财务人员工作成果的体现。财务人员所有核算工作的终点就是编制企业的财务报告，提供给财务信息使用者，并据此进行纳税申报和工作汇报等。

企业的财务报表包括资产负债表、利润表、现金流量表、所有者权益变动表和财务报表附注。在实际工作中，有很多企业尤其是中小企业，往往只要求编制资产负债表和利润表，对其他报表不作要求。因此导致相关财务信息不健全，不能满足财务信息使用者的需求，也使一些财务人员缺乏相关报表编制的能力。而编制全套财务报表是财务人员综合能力的体现。

本章将介绍工业企业财务报表的基本内容和财务报表编制的具体操作，属于重点章节，主要涉及的知识点有：

- 财务报表的概念类型和编制要求
- 资产负债表的编制
- 利润表的编制
- 现金流量表的编制
- 所有者权益变动表的编制
- 财务报表附注的编制

9.1 财务报表的概念类型和编制要求

在学习编制财务报表之前，应先了解财务报表的相关知识，包括财务报表的概念和类型及编制要求。

9.1.1 财务报表的概念和类型

财务报表，是指企业对外报出的反映企业过去一个会计期间的经营成果、现金流量以及该会计期间期末财务状况的一套会计文件。财务报表至少应该包括以下组成部分。

（1）资产负债表。

（2）利润表。

（3）现金流量表。

（4）所有者权益变动表。

（5）财务报表附注。

在一些成熟的企业中，尤其是上市企业，这些报表组成部分具有同等的重要程度，都属于需要对外披露的重要信息。资产负债表、利润表和现金流量表合称为"财务三大报表"，是企业最常见的报表类型。其中，资产负债表反映的是某个会计期间期末的财务状况，属于时点数；利润表和现金流量表分别反映的是某个会计期间的经营成果和现金流量，属于时期数。

9.1.2 财务报表的编制要求

持续经营假设是会计的基本前提，也是编制财务报表的基础。假如一个企业处在清算状态，其会计处理和持续经营状态是不同的，对于一些需要在以后受益期间摊销的预付性费用（如长期待摊费用），在清算状态下的财务报表将不复存在。

除了现金流量表按照收付实现制编制外，企业应当按照权责发生制编制其他财务报表。

财务报表的编制应当遵循可比性和重要性原则。财务报表项目的列报应当在各个会计期间保持一致，不得随意变更；项目在财务报表中是单独列报还是合并列报，应当依据重要性原则来判断。

财务报表项目应当以该项目余额的总额列报，不得以净额列报，即资产和负债、收入和费用、利得和损失等项目不能互相抵消。但是，以下三种情况不属于互相抵消，可以以净额列报。

（1）一组类似交易形成的利得和损失以净额列报，但具有重要性的除外，比如汇兑损益应当以净额列报。

（2）资产或负债项目按扣除备抵科目后的净额列报，比如"固定资产"项目应当以"固定资产"科目余额减去其备抵科目"累计折旧"和"固定资产减值准备"的余额后的净额列报。

（3）非企业主要业务的偶发性活动，以同一交易形成的收益扣减相关费用后的净额列报更能反映其交易实质，比如固定资产的处置形成的利得或损失，应当按处置收入扣除该资产的账面金额和相关销售费用后的净额列报。

9.2　资产负债表的编制

资产负债表是反映企业财务状况的重要报表之一，它可以帮助企业的管理人员了解企业的资产、负债、所有者权益等方面的情况，从而对企业的财务状况进行全面的分析和评估。

9.2.1　资产负债表的内容

资产负债表是指反映企业在某一特定日期财务状况的财务报表。资产负债表的结构可以用会计恒等式来表示：

资产 = 负债 + 所有者权益

资产负债表的模板如表 9.1 所示。

表 9.1　资产负债表模板

01表

单位名称：　　　　　　　　　　____年____月____日　　　　　　　　　　单位：元

资产	期末余额	年初余额	负债和所有者权益	期末余额	年初余额
流动资产：			**流动负债：**		
货币资金			短期借款		
交易性金融资产			交易性金融负债		
衍生金融资产			衍生金融负债		
应收票据			应付票据		
应收账款			应付账款		
应收款项融资			预收款项		
预付款项			合同负债		
其他应收款			应付职工薪酬		
存货			应交税费		
合同资产			其他应付款		
持有待售资产			持有待售负债		
一年内到期的非流动资产			一年内到期的非流动负债		
其他流动资产			其他流动负债		
流动资产合计			**流动负债合计**		
			非流动负债：		
			长期借款		
			应付债券		
			其中：优先股		
			永续债		
			租赁负债		
			长期应付款		
非流动资产：			长期应付职工薪酬		
债权投资			预计负债		
其他债权投资			递延收益		
长期应收款			递延所得税负债		
长期股权投资			其他非流动负债		
其他权益工具投资			**非流动负债合计**		
其他非流动金融资产			**负债合计**		
投资性房地产			**所有者权益：**		
固定资产			实收资本（或股本）		
在建工程			其他权益工具		

（续表）

资产	期末余额	年初余额	负债和所有者权益	期末余额	年初余额
生产性生物资产			其中：优先股		
油气资产			永续债		
使用权资产			资本公积		
无形资产			减：库存股		
开发支出			其他综合收益		
商誉			专项储备		
长期待摊费用			盈余公积		
递延所得税资产			一般风险准备		
其他非流动资产			未分配利润		
非流动资产合计			**所有者权益合计**		
资产总计			**负债与所有者权益总计**		

9.2.2　资产负债表的填列方法

资产负债表上的资产和负债项目可按照其流动性分为流动资产和非流动资产、流动负债和非流动负债。

资产的流动性是指资产的变现能力，资产的流动性越强，变现能力就越强。资产满足下列条件之一的，应当归类为流动资产。

（1）预计在一个正常营业周期内变现、出售或耗用。

（2）主要为交易目的而持有。

（3）预计自资产负债表日起一年内（含一年）变现。

（4）自资产负债表日起一年内（含一年），交换其他资产或清偿负债的能力不受限制的现金或现金等价物。

注：正常营业周期一般指企业从采购原材料用于加工到实现产品销售收入的一个完整过程，正常营业周期一般小于一年。

负债的流动性是指负债的偿还时间，负债的流动性越强，偿还时间就越短。负债满足下列条件之一的，应当归类为流动负债。

（1）预计在一个正常营业周期内清偿。

（2）主要为交易目的而持有。

（3）自资产负债表日起一年内（含一年）到期应予以清偿。

（4）企业无权自主地将清偿推迟至资产负债表日后一年以上。

资产负债表各项目的填列方法主要如下。

（1）资产负债表应当包括"年初余额"和"期末余额"两栏，"年初余额"根据上期期末有关项目的期末余额填列，并且与上年资产负债表"期末余额"栏相一致；"期末余额"根据本期有关项目的期末余额填列。

（2）"货币资金"项目，反映资产负债表日的企业库存现金、银行存款、外埠存款、存出投资款、银行本票存款、银行汇票存款、信用卡保证金存款和信用卡存款等的合计数。该项目根据"库存现金""银行存款""其他货币资金"科目期末余额的合计数填列。

（3）"交易性金融资产"项目，反映资产负债表日企业持有的交易性金融资产，以及企业持有的指定为以公允价值计量且其变动计入当期损益的金融资产的账面价值。该项目应根据"交易性金融资产"科目的相关明细科目的期末余额填列。自资产负债表日起超过一年到期且预期持有超过一年的以公允价值计量且其变动计入当期损益的非流动金融资产的期末账面价值，在"其他非流动金融资产"项目中反映。

（4）"应收票据"项目，反映资产负债表日企业以摊余成本计量的，因销售商品、提供服务等收到的商业汇票，包括银行承兑汇票和商业承兑汇票。该项目应根据"应收票据"科目的期末余额减去"坏账准备"科目中相关坏账准备期末余额后的金额填列。

（5）"应收账款"项目，反映资产负债表日企业以摊余成本计量的，因销售商品、提供服务等经营活动应收取的款项。该项目应根据"应收账款"科目的期末余额减去"坏账准备"科目中相关坏账准备期末余额后的金额填列。

（6）"应收款项融资"项目，反映资产负债表日企业以公允价值计量且其变动计入其他综合收益的应收票据和应收账款等。该项目应根据"应收票据""应收账款"科目下的相关明细科目的期末余额填列。

（7）"预付款项"项目，反映资产负债表日企业按照购货合同规定预付给供应商的款项。该项目应根据"预付款项"科目和"应付账款"科目下的相关明细科目的期末借方余额的合计数减去"坏账准备"科目中相关坏账准备期末余额后的金额填列。

（8）"其他应收款"项目，反映资产负债表日企业除应收票据、应收账款和预付账款等经营活动以外的其他各种应收、暂付的款项。该项目应根据"应收利息"、"应收股利"和"其他应收款"科目的期末余额合计数减去"坏账准备"科目中相关坏账准备期末余额后的金额填列。其中"应收利息"仅反映相关金融工具已到期可收取但于资产负债表日尚未收到利息，而基于实际利率法计提的金融工具的利息应包含在相应金融工具的账面余额中。

（9）"存货"项目，反映资产负债表日企业在库、在途和在加工的各种存货的成本或可变现净值（存货按成本和可变现净值孰低计量）。该项目应根据"材料采购""原材料""库存商品""发出商品""周转材料""生产成本""委托加工物资""受托代销商品"等科目的期末余额及"合同履约成本"科目的明细科目中初始确认时摊销期限不超过一年或一个营业周期的期末余额合计，减去"受托代销商品款""存货跌价准备"科目余额及"合同履约成本减值准备"科目中相应的期末余额后的金额填列。

（10）"合同资产"项目和"合同负债"项目，反映资产负债表日企业履行履约义务与客户付款之间的关系。该项目应根据"合同资产""合同负债"科目下的相关明细科目的期末余额填列，同一合同下的合同资产和合同负债应当以净额列示，其中净额为借方余额的，应当根据其流动性在"合同资产"或"其他非流动资产"项目中填列，已计提减值准备的，还应减去"合同资产减值准备"科目的相关明细科目的期末余额后的金额填列；其中净额为贷方余额的，应当根据其流动性在"合同负债"或"其他非流动负债"项目中填列。

（11）"持有待售资产"项目，反映资产负债表日企业划分为持有待售类别非流动资产以及划分为持有待售类别的处置组中的流动资产和非流动资产的期末账面价值。该项目应根据"持有待售资产"科目的期末余额减去"持有待售资产减值准备"科目的期末余额后的金额填列。

（12）"一年内到期的非流动资产"项目，反映企业自资产负债表日起一年内变现的非流动资产。该项目包括一年内到期的长期债权投资、长期待摊费用和一年内可收回的长期应收款，本项目应根据上述账户的期末余额填列。

（13）"其他流动资产"项目，反映资产负债表日企业除货币资金、短期投资、应收票据、应收账款、其他应收款、存货等流动资产以外的流动资产。该项目应根据有关科目的期末余额填列。

（14）"债权投资"项目，反映资产负债表日企业以摊余成本计量的长期债权投资的期末账面价值。该项目应根据"债权投资"科目的相关明细科目期末余额，减去"债权投资减值准备"科目相关减值准备的期末余额后的金额填列。自资产负债表日起一年内到期的长期债权投资的期末账面价值，在"一年内到期的非流动资产"项目中反映；企业购入的以摊余成本计量的一年内到期的债权投资的期末账面价值，在"其他流动资产"项目中反映。

（15）"其他债权投资"项目，反映资产负债表日企业分类为以公允价值计量且其变动计入其他综合收益的长期债权投资的期末账面价值。该项目应根据"其他债权投资"科目下的相关明细科目的期末余额填列。企业购入的以公允价值计量且其变动计入其他综合收益的一年内到期的债权投资的期末账面价值，在"其他流动资产"项目中反映。

（16）"长期应收款"项目，反映资产负债表日企业融资租赁产生的应收款项和采用递延方式分期收款，实质上具有融资性质的销售商品和提供服务等经营活动产生的应收款项。该项目应根据"长期应收款"科目的期末余额减去"未实现融资收益"科目和"坏账准备"科目中相关坏账准备期末余额后的金额填列。

（17）"长期股权投资"项目，反映资产负债表日企业对被投资单位实施控制、影响重大的权益性投资，以及对其合营企业的权益性投资。该项目应根据"长期股权投资"科目的期末余额减去"长期股权投资减值准备"科目的期末余额后的金额填列。

（18）"其他权益工具投资"项目，反映资产负债表日企业指定为以公允价值计量且其变动计入其他综合收益的非交易性权益工具投资的期末账面价值。该项目应根据"其他权益工具投资"科目的期末余额填列。

（19）"固定资产"项目，反映资产负债表日企业固定资产的期末账面价值和企业尚未清理完毕的固定资产清理净损益。该项目应根据"固定资产"科目的期末余额减去"累计折旧"项目和"固定资产减值准备"科目的期末余额后的金额，以及"固定资产清理"科目的期末余额填列。

（20）"在建工程"项目，反映资产负债表日企业尚未达到预定可使用状态的在建工程的期末账面价值和企业为在建工程准备的各种物资的期末账面价值。该项目应根据"在建工程"科目的期末余额减去"在建工程减值准备"科目的期末余额后的金额，以及"工程物资"科目的期末余额减去"工程物资减值准备"科目的期末余额后的金额填列。

（21）"使用权资产"项目，反映资产负债表日承租人企业持有的使用权资产的期末账面价值。该项目应根据"使用权资产"科目的期末余额，减去"使用权资产累计折旧"科目和"使用权资产减值准备"科目的期末余额后的金额填列。

（22）"无形资产"项目，反映资产负债表日企业持有的土地使用权、商标权、特许权、专利权和非专利技术等无形资产的期末账面价值。该项目应根据"无形资产"科目的期末余额减去"累计摊销"项目和"无形资产减值准备"科目期末余额后的金额填列。

（23）"开发支出"项目，反映资产负债表日企业开发无形资产的过程中能够资本化形成无形资产成本的支出部分。该项目应根据"研发支出"科目下的"资本化支出"明细科目期末余额填列。

（24）"长期待摊费用"项目，反映资产负债表日企业已经发生但应在本期和以后各期间摊销的且摊销期限在一年以上的各项费用。该项目应根据"长期待摊费用"科目的期末余额减去将于一年内（含一年）摊销的数额后的金额填列。将于一年内（含一年）摊销的长期待摊费用金额，在资产负债表"一年内到期的非流动资产"项目中列示。

（25）"递延所得税资产"项目，反映资产负债表日企业确认的可抵扣暂时性差异形成的所得税资产。该项目应根据"递延所得税资产"科目的期末余额填列。

（26）"其他非流动资产"项目，反映资产负债表日企业除上述非流动资产以外的周转期超过一年的长期资产。该项目应根据有关科目的期末余额填列。

（27）"短期借款"项目，反映资产负债表日企业向银行或其他金融机构等借入的期限在一年以内（含一年）的各种借款。该项目应根据"短期借款"科目的期末余额填列。

（28）"交易性金融负债"项目，反映资产负债表日企业承担的交易性金融负债，以及企业持有的指定为以公允价值计量且其变动计入当期损益的金融负债的期末账面价值。该项目应根据"交易性金融负债"科目的相关明细科目的期末余额填列。

（29）"应付票据"项目，反映资产负债表日企业以摊余成本计量的，因购买材料、商品和接受服务等开出、承兑的商业汇票，包括银行承兑汇票和商业承兑汇票。该项目应根据"应付票据"科目的期末余额填列。

（30）"应付账款"项目，反映资产负债表日企业以摊余成本计量的，因购买材料、商品和接受服务等经营活动应支付的款项。该项目应根据"应付账款"科目和"预付账款"科目下的相关明细科目的期末贷方余额合计数填列。

（31）"预收款项"项目，反映资产负债表日企业按照购货合同规定预收客户的款项。该项目应根据"预收账款"科目和"应收账款"科目下的相关明细科目的期末贷方余额合计数填列。

（32）"应付职工薪酬"项目，反映资产负债表日企业为获得职工提供的服务或解除劳动关系而给予的各种形式的报酬或补偿。该项目应根据"应付职工薪酬"科目下的相关明细科目的期末余额填列。

（33）"应交税费"项目，反映资产负债表日企业计算应缴纳的各种税费。该项目应根据"应交税费"科目的期末贷方余额填列，如期末为借方余额，应以"-"号填列。

（34）"其他应付款"项目，反映资产负债表日企业除应付票据、应付账款、预收账款、应付职工薪酬、应交税费等其他与经营活动无关的各种应付、暂收的款项。该项目应根据"应付利息""应付股利""其他应付款"科目的期末余额合计数填列。

（35）"持有待售负债"项目，反映资产负债表日企业处置组中与划分为持有待售类别的资产直接相关的负债的期末账面价值。该项目应根据"持有待售负债"科目的期末余额填列。

（36）"一年内到期的非流动负债"项目，反映企业非流动负债中自资产负债表日后一年内（含一年）到期部分的金额。该项目应根据"长期借款""长期应付款""应付债券"科目一年内（含一年）到期部分的金额填列。

（37）"其他流动负债"项目，反映资产负债表日企业除上述流动负债以外的其他流动负债。该项目应根据有关科目的期末余额填列。

（38）"长期借款"项目，反映资产负债表日企业向银行或其他金融机构借入的期限在一年以上（不含一年）的各项借款。该项目应根据"长期借款"科目的期末余额减去"长期借款"科目的相关明细科目中将在资产负债表日后一年内（含一年）到期且企业不能自主将清偿义务进行展期部分后的金额填列。

（39）"应付债券"项目，反映资产负债表日企业为筹集长期资金而发行的债券本金及利息。该项目应根据"应付债券"科目的期末余额减去"应付债券"科目的相关明细科目中将在资产负债表日后一年内（含一年）到期且企业无法自主展期部分后的金额填列。

（40）"租赁负债"项目，反映资产负债表日承租人企业尚未支付的租赁付款额的期末账面价值。该项目应根据"租赁负债"科目的期末余额填列。

（41）"长期应付款"项目，反映资产负债表日企业除长期借款和应付债券以外的其他各种长期应付款项的期末账面价值。该项目应根据"长期应付款"科目和"专项应付款"科目的期末余额减去相关的"未确认融资费用"科目的期末余额后的金额填列。

（42）"预计负债"项目，反映资产负债表日企业因或有事项而确认的各项预计负债，包括未决诉讼、对外提供担保、产品质量保证、重组义务以及固定资产弃置义务等产生的预计负债。该项目应根据"预计负债"科目的期末余额填列。

（43）"递延收益"项目，反映资产负债表日企业尚待确认的收入或收益，主要包括应在以后期间计入当期损益的政府补助金额、售后租回形成融资租赁的售价与资产账面价值差额等其他递延性收入。该项目应根据"递延收益"科目的期末余额填列。

（44）"递延所得税负债"项目，反映资产负债表日企业确认的应纳税暂时性差异形成的所得税负债。该项目应根据"递延所得税负债"科目的期末余额填列。

（45）"其他非流动负债"项目，反映资产负债表日企业除上述非流动负债以外的其他非流动负债。该项目应根据有关项目的期末余额减去将在资产负债表日后一年内（含一年）到期偿还数额后的金额填列。

（46）"实收资本（或股本）"项目，反映资产负债表日企业各投资者实际投入资本（或股本）的总额。该项目应根据"实收资本（或股本）"科目的期末余额填列。

（47）"其他权益工具"项目，反映资产负债表日企业发行的除普通股以外的分类为权益工具的金融工具的期末账面价值。对于资产负债表日企业发行的金融工具，分类为权益工具的，应在"其他权益工具"项目填列；对于优先股和永续债，应在"其他权益工具"项目下的"优先股"项目和"永续债"项目分别填列。

（48）"资本公积"项目，反映资产负债表日企业收到投资者出资超出其在注册资本（或股本）所占份额的部分以及其他直接计入所有者权益的利得和损失。该项目应根据"资本公积"科目的期末余额填列。

（49）"其他综合收益"项目，反映资产负债表日企业未在当期损益中确认的利得和损失。该项目应根据"其他综合收益"科目的期末余额填列。

（50）"专项储备"项目，反映资产负债表日高危行业企业计提的安全生产费等具有类似性质的费用。该项目应根据"专项储备"科目的期末余额填列。

（51）"盈余公积"项目，反映资产负债表日企业根据收益情况提取的各种累积资金的期末余额。该项目应根据"盈余公积"科目的期末余额填列。

（52）"未分配利润"项目，反映资产负债表日企业尚未分配的净利润。该项目应根据"利润分配——未分配利润"科目的期末余额填列。

【案例分析】 >>>>

A 公司为一家制造型企业，该公司 20×2 年 12 月 31 日的科目余额表如表 9.2 所示。

表 9.2　20×2 年科目余额示意

（单位：元）

科目名称	借方余额	贷方余额
库存现金	300 000	
银行存款	600 000	
交易性金融资产	1 000 000	
应收票据	800 000	
应收账款	2 000 000	
坏账准备——应收账款		100 000
预付账款	800 000	
其他应收款	100 000	
合同资产	300 000	
原材料	3 500 000	
周转材料	500 000	
库存商品	2 000 000	
发出商品	1 000 000	
固定资产	10 000 000	
累计折旧		2 000 000
在建工程	3 000 000	
无形资产	2 000 000	

（续表）

科目名称	借方余额	贷方余额
累计摊销		800 000
短期借款		2 000 000
应付账款		2 500 000
预收账款		1 000 000
合同负债		800 000
应付职工薪酬		1 000 000
应交税费		500 000
其他应付款		1 200 000
长期借款		5 000 000
实收资本		10 000 000
资本公积		100 000
盈余公积		100 000
未分配利润		800 000

假设不考虑期初余额，根据以上数据编制 A 公司 20×2 年的资产负债表。

A 公司各项目计算过程如下。

货币资金 =300 000+600 000=900 000（元）

应收账款 =2 000 000-100 000=1 900 000（元）

存货 =3 500 000+500 000+2 000 000+1 000 000=7 000 000（元）

固定资产 =10 000 000-2 000 000=8 000 000（元）

无形资产 =2 000 000-800 000=1 200 000（元）

A 公司 20×2 年的资产负债表填列如表 9.3 所示。

表 9.3　A 公司资产负债表填列示意

01 表

单位名称：A 公司		20×2 年 12 月 31 日	单位：元
资产	期末余额	负债和所有者权益	期末余额
流动资产：		流动负债：	
货币资金	900 000	短期借款	2 000 000
交易性金融资产	1 000 000	交易性金融负债	0
衍生金融资产	0	衍生金融负债	0
应收票据	800 000	应付票据	0
应收账款	1 900 000	应付账款	2 500 000
应收款项融资	0	预收款项	1 000 000

（续表）

资产	期末余额	负债和所有者权益	期末余额
预付款项	800 000	合同负债	800 000
其他应收款	100 000	应付职工薪酬	1 000 000
存货	7 000 000	应交税费	500 000
合同资产	300 000	其他应付款	1 200 000
持有待售资产	0	持有待售负债	0
一年内到期的非流动资产	0	一年内到期的非流动负债	0
其他流动资产	0	其他流动负债	0
流动资产合计	12 800 000	**流动负债合计**	9 000 000
		非流动负债：	
		长期借款	5 000 000
		应付债券	0
		其中：优先股	0
		永续债	0
		租赁负债	0
		长期应付款	0
非流动资产：		长期应付职工薪酬	0
债权投资	0	预计负债	0
其他债权投资	0	递延收益	0
长期应收款	0	递延所得税负债	0
长期股权投资	0	其他非流动负债	0
其他权益工具投资	0	**非流动负债合计**	5 000 000
其他非流动金融资产	0	**负债合计**	14 000 000
投资性房地产	0	**所有者权益：**	
固定资产	8 000 000	实收资本（或股本）	10 000 000
在建工程	3 000 000	其他权益工具	0
生产性生物资产	0	其中：优先股	0
油气资产	0	永续债	0
使用权资产	0	资本公积	100 000
无形资产	1 200 000	减：库存股	0
开发支出	0	其他综合收益	0
商誉	0	专项储备	0
长期待摊费用	0	盈余公积	100 000
递延所得税资产	0	一般风险准备	0
其他非流动资产	0	未分配利润	800 000
非流动资产合计	12 200 000	**所有者权益合计**	11 000 000
资产总计	25 000 000	**负债与所有者权益总计**	25 000 000

9.3　利润表的编制

利润表和资产负债表都是十分最常见的两种财务报表，利润表侧重反映的是企业的盈利能力，揭示了企业利用经济资源的效率，还可以用于制订企业的经营计划、财务预算，以及进行投资决策等方面。

9.3.1　利润表的内容

利润表，是反映企业在一定会计期间经营成果的财务报表。利润表的架构可以用另一个会计的恒等式来表示：

利润 = 收入 - 费用

利润表的样式如表 9.4 所示。

表 9.4　利润表样式

单位名称：　　　　　　　　　　　　____年____月　　　　　　　　　　单位：元

项目	本月数	本年累计数
一、营业收入		
减：营业成本		
税金及附加		
销售费用		
管理费用		
研发费用		
财务费用		
其中：利息费用		
利息收入		
加：其他收益		
投资收益（损失以"-"号填列）		
其中：对联营企业和合营企业的投资收益		
以摊余成本计量的金融资产终止确认收益（损失以"-"号填列）		
净敞口套期收益（损失以"-"号填列）		
公允价值变动收益（损失以"-"号填列）		
信用减值损失（损失以"-"号填列）		

（续表）

项目	本月数	本年累计数
资产减值损失（损失以"-"号填列）		
资产处置收益（损失以"-"号填列）		
二、营业利润（亏损以"-"号填列）		
加：营业外收入		
减：营业外支出		
三、利润总额（亏损总额以"-"号填列）		
减：所得税费用		
四、净利润（净亏损以"-"号填列）		
（一）按经营持续性分类		
1.持续经营净利润（净亏损以"-"号填列）		
2.终止经营净利润（净亏损以"-"号填列）		
（二）按所有权归属分类		
1.归属于母公司股东的净利润（净亏损以"-"号填列）		
2.少数股东损益（净亏损以"-"号填列）		
五、其他综合收益的税后净额		
六、综合收益总额		
归属于母公司股东的综合收益总额		
归属于少数股东的综合收益总额		
七、每股收益		
（一）基本每股收益		
（二）稀释每股收益		

　　注意，第七项"每股收益"一般为上市公司等股份制公司填列，普通企业无须填写。利润表需要填写"本月数"和"本年累计数"，如果本月是 6 月，那"本月数"应该填写 6 月有关项目的发生额，"本年累计数"应该填写本年 1～6 月有关项目的累计发生额。有些利润表样式可能不一样，需要填写的是"本期金额"和"上期金额"，那么就应该填写有关项目的本年累计发生额和去年同期累计发生额。

9.3.2　利润表的填列方法

　　利润表涉及的计算公式如表 9.5 所示。

表 9.5　利润表涉及的计算公式

项目	计算公式
营业收入	营业收入 = 主营业务收入 + 其他业务收入
营业成本	营业成本 = 主营业务成本 + 其他业务成本
营业利润	营业利润 = 营业收入 - 营业成本 - 税金及附加 - 销售费用 - 管理费用 - 研发费用 - 财务费用 + 其他收益 ± 投资收益（损失）± 净敞口套期收益（损失）± 公允价值变动收益（损失）- 信用减值损失 - 资产减值损失 ± 资产处置收益（损失）
利润总额	利润总额 = 营业利润 + 营业外收入 - 营业外支出
净利润	净利润 = 利润总额 - 所得税费用
其他综合收益的税后净额	其他综合收益的税后净额 = 其他综合收益 ×（1 - 所得税税率）
综合收益总额	综合收益总额 = 净利润 + 其他综合收益的税后净额
每股收益	基本每股收益 = 归属于普通股股东的当期净利润 ÷ 当期实际发行在外普通股的加权平均数；稀释每股收益在基本每股收益的基础上考虑稀释性潜在普通股的影响，调整当期发行在外普通股的加权平均数计算而得的每股收益

利润表各项目的填列方法主要如下。

（1）"营业收入"项目，反映企业主营业务和其他业务所确认的收入总额。该项目应根据"主营业务收入"科目和"其他业务收入"科目的本期发生额填列。

（2）"营业成本"项目，反映企业主营业务和其他业务所发生的成本总额。该项目应根据"主营业务成本"科目和"其他业务成本"科目的本期发生额填列。

（3）"税金及附加"项目，反映企业经营业务应负担的消费税、城市维护建设税、教育费附加、资源税、土地增值税及房产税、车船税、城镇土地使用税、印花税等相关税费。该项目应根据"税金及附加"科目的本期发生额填列。

（4）"销售费用"项目，反映企业在销售商品过程中所发生的包装费、广告费等费用和为销售本企业商品而专设的销售机构的职工薪酬、业务费等经营费用。该项目应根据"销售费用"科目的本期发生额填列。

（5）"管理费用"项目，反映企业为组织和管理生产经营所发生的管理费用。该项目应根据"管理费用"科目的本期发生额填列。

（6）"研发费用"项目，反映企业在研究和开发过程中所发生的费用化支出。该项目应根据"管理费用"科目下的"研发费用"明细科目的本期发生额填列。

（7）"财务费用"项目，反映企业为筹集生产经营所需资金等而发生的筹资费用。该项目应根据"财务费用"科目的本期发生额填列。

（8）"其他收益"项目，反映企业计入其他收益的政府补助。该项目应根据"其他收益"科目的本期发生额填列。

（9）"投资收益"项目，反映企业以各种方式对外投资所取得的收益。该项目应根据"投资收益"科目的本期发生额填列。如为投资损失，本项目以"－"号填列。

（10）"净敞口套期收益"项目，反映企业净敞口套期下被套期项目累计公允价值变动转入当期损益的金额或现金流量套期储备转入当期损益的金额。该项目应根据"净敞口套期损益"科目的本期发生额填列。

（11）"公允价值变动收益"项目，反映企业应当计入当期损益的资产或负债公允价值变动收益。该项目应根据"公允价值变动损益"科目的本期发生额填列。如为净损失，本项目以"－"号填列。

（12）"信用减值损失"项目，反映企业计提的各项金融工具减值准备所形成的预期信用损失。该项目应根据"信用减值损失"科目的本期发生额填列。

（13）"资产减值损失"项目，反映企业各项资产发生的减值损失。该项目应根据"资产减值损失"科目的本期发生额填列。

（14）"资产处置收益"项目，反映企业出售划分为持有待售的非流动资产（金融工具、长期股权投资和投资性房地产除外）或处置组（子公司和业务除外）确认的处置利得或损失，以及处置未划分为持有待售的固定资产、在建工程、生产性生物资产及无形资产而产生的处置利得或损失。债务重组中因处置非流动资产而产生的利得或损失、非货币性资产交换中换出非流动资产而产生的利得或损失也包含在该项目内。该项目应根据"资产处置损益"科目的本期发生额填列。如为处置损失，本项目以"－"号填列。

（15）"营业利润"项目，反映企业实现的营业利润。该项目应根据上述有关"营业利润"公式计算填列。如为亏损，本项目以"－"号填列。

（16）"营业外收入"项目，反映企业发生的除营业利润以外的收益，主要包括债务重组利得、与企业日常活动无关的政府补助、盘盈利得、捐赠利得（企业接受股东或股东的子公司直接或间接捐赠，经济实质属于股东对企业的资本性投入的除外）等。该项目应根据"营业外收入"科目的本期发生额填列。

（17）"营业外支出"项目，反映企业发生的与经营业务无直接关系的各项支出。该项目应根据"营业外支出"科目的本期发生额填列。

（18）"利润总额"项目，反映企业实现的利润。该项目应根据上述有关"利润总额"公式计算填列。如为亏损，本项目以"−"号填列。

（19）"所得税费用"项目，反映企业应从当期利润总额中扣除的所得税费用。该项目根据"所得税费用"科目的本期发生额填列。

（20）"净利润"项目，反映企业实现的净利润。该项目应根据上述有关"净利润"公式计算填列。如为亏损，本项目以"−"号填列。

（21）"其他综合收益的税后净额"项目，反映企业根据《企业会计准则》规定未在损益中确认的各项利得和损失扣除所得税影响后的净额。该项目应根据上述有关"其他综合收益的税后净额"公式计算填列。

（22）"综合收益总额"项目，反映企业净利润与其他综合收益（税后净额）的合计金额。该项目应根据上述有关"综合收益总额"公式计算填列。

（23）"每股收益"项目，包括基本每股收益和稀释每股收益两项指标，反映普通股或潜在普通股已公开交易的企业，以及正处在公开发行普通股或潜在普通股过程中的企业的每股收益信息。该项目应根据上述有关"每股收益"公式计算填列。

🔍【案例分析】

A公司为一家制造型企业，是增值税一般纳税人，不属于小型微利企业，适用的企业所得税税率为25%，20×2年A公司发生以下业务。

（1）本年度销售国内客户甲产品不含税金额共3 000万元，该批产品的成本为1 200万元。

（2）将自产的一批乙产品用于职工福利，该批产品的成本为80万元，市场售价为不含税金额100万元。

（3）对外出租设备取得不含税收入100万元，该设备本年折旧金额为50万元，没有发生其他费用。

（4）转让一项专利技术所有权，取得收入 200 万元，该专利所有权账面价值 80 万元。

（5）支出管理费用 700 万元。

（6）支出销售费用 400 万元。

（7）支出财务费用 200 万元，其中利息支出 210 万元，利息收入 10 万元。

（8）支出税金及附加 100 万元。

（9）收到与企业日常活动相关的政府补助 100 万元。

（10）买卖一项金融资产，取得投资收益 50 万元。

（11）处置一台设备，取得净损失 30 万元。

（12）收到与企业日常活动无关的政府补助 20 万元。

（13）向省红十字会捐款 10 万元。

假设所有业务都不需要进行纳税调整，不考虑增值税的影响，根据以上事项编制 A 公司 20×2 年的利润表。

针对业务（1），A 公司应确认主营业务收入 3 000 万元，结转主营业务成本 1 200 万元；

针对业务（2），A 公司将自产货物用于职工福利，应视同销售该批货物，并根据市场售价确认主营业务收入 100 万元，结转主营业务成本 80 万元；

针对业务（3），A 公司应确认其他业务收入 100 万元，结转其他业务成本 50 万元；

针对业务（4），A 公司转让专利技术所有权属于对无形资产的处置，不确认营业收入，应确认资产处置损益 120（200-80）万元；

针对业务（5）～（8），A 公司应分别确认管理费用、销售费用、财务费用和税金及附加 700 万元、400 万元、200 万元和 100 万元；

针对业务（9），A 公司应确认其他收益 100 万元；

针对业务（10），A 公司应确认投资收益 50 万元；

针对业务（11），A 公司应确认资产处置损益 -30 万元；

针对业务（12），A 公司应确认营业外收入 20 万元；

针对业务（13），A 公司应确认营业外支出 10 万元。

A 公司本年度营业收入 =3 000+100+100=3 200（万元）

A 公司本年度营业成本 =1 200+80+50=1 330（万元）

A 公司本年度资产处置收益 =200-80-30=90（万元）

A 公司本年度应交所得税 =（3 200-1 330-700-400-200-100+100+50+90+20-10）×25%=180（万元）

A 公司 20×2 年的利润表填列如表 9.6 所示。

表 9.6 A 公司利润表

单位名称：A 公司 　　　　　　　　20×2 年 　　　　　　　　　　单位：元

项目	本年累计数
一、营业收入	32 000 000
减：营业成本	13 300 000
税金及附加	1 000 000
销售费用	4 000 000
管理费用	7 000 000
研发费用	0
财务费用	2 000 000
其中：利息费用	2 100 000
利息收入	100 000
加：其他收益	1 000 000
投资收益（损失以"-"号填列）	500 000
其中：对联营企业和合营企业的投资收益	0
以摊余成本计量的金融资产终止确认收益（损失以"-"号填列）	0
净敞口套期收益（损失以"-"号填列）	0
公允价值变动收益（损失以"-"号填列）	0
信用减值损失（损失以"-"号填列）	0
资产减值损失（损失以"-"号填列）	0
资产处置收益（损失以"-"号填列）	900 000
二、营业利润（亏损以"-"号填列）	7 100 000
加：营业外收入	200 000
减：营业外支出	100 000
三、利润总额（亏损总额以"-"号填列）	7 200 000
减：所得税费用	1 800 000
四、净利润（净亏损以"-"号填列）	5 400 000

9.4 现金流量表的编制

现金流量表侧重反映在一个固定期间内，一家企业或机构的现金或银行存款增减变动的情况，以评测企业的短期生存能力。利润表有助于了解企业的盈利能力，而现金流量表则有助于了解企业净利润的质量。

9.4.1 现金流量表的内容

现金流量表，是指反映一定时期内企业经营活动、投资活动、筹资活动对其现金及现金等价物所产生影响的财务报表。

这里的"现金"，不仅指库存现金，还包括各类可以随时用于支付的存款。而现金等价物，是指企业持有的期限短（一般从购买日起三个月内到期）、流动性强，易于转化为已知金额的现金，价值变动风险很小的投资，如三个月内到期的短期债券等。权益性投资变现的金额通常不确定，所以不属于现金等价物。

现金流量是指某一时期内企业现金流入和流出的数量，企业现金形式的转换不会产生现金的流入和流出，如企业往银行账户里存入现金，是企业现金存放形式的转换，现金并没有流入或流出企业，不构成现金流量；同样地，现金和现金等价物之间的转换也不构成现金流量。

与资产负债表、利润表不同的是，现金流量表是按照收付实现制原则编制的，报表使用者更能清晰地看到企业盈利的质量。

现金流量表的样式如表 9.7 所示。

表 9.7 现金流量表样式

单位名称：	＿＿＿年＿＿＿月	单位：元
项目	**本月数**	**本年累计数**
一、经营活动产生的现金流量		
销售商品、提供劳务收到的现金		
收到的税费返还		
收到其他与经营活动有关的现金		
经营活动现金流入小计		

（续表）

项目	本月数	本年累计数
购买商品、接受劳务支付的现金		
支付给职工以及为职工支付的现金		
支付的各项税费		
支付其他与经营活动有关的现金		
经营活动现金流出小计		
经营活动产生的现金流量净额		
二、投资活动产生的现金流量		
收回投资收到的现金		
取得投资收益收到的现金		
处置固定资产、无形资产和其他长期资产收回的现金净额		
处置子公司及其他营业单位收到的现金净额		
收到其他与投资活动有关的现金		
投资活动现金流入小计		
购建固定资产、无形资产和其他长期资产支付的现金		
投资支付的现金		
取得子公司及其他营业单位支付的现金净额		
支付其他与投资活动有关的现金		
投资活动现金流出小计		
投资活动产生的现金流量净额		
三、筹资活动产生的现金流量		
吸收投资收到的现金		
取得借款收到的现金		
收到其他与筹资活动有关的现金		
筹资活动现金流入小计		
偿还债务支付的现金		
分配股利、利润或偿付利息支付的现金		
支付其他与筹资活动有关的现金		
筹资活动现金流出小计		
筹资活动产生的现金流量净额		
四、汇率变动对现金及现金等价物的影响		
五、现金及现金等价物净增加额		
加：期初现金及现金等价物余额		
六、期末现金及现金等价物余额		

9.4.2　现金流量表的填列方法

企业的现金流量根据其来源可分为三类：经营活动产生的现金流量、投资活动产生的现金流量和筹资活动产生的现金流量。

现金流量表各项目的填列方法主要如下。

1. 经营活动产生的现金流量

（1）"销售商品、提供劳务收到的现金"项目，反映企业销售商品、提供劳务实际收到的现金（含销售收入和应向购买者收取的增值税销项税额）。主要包括本期销售商品和提供劳务本期收到的现金、前期销售商品和提供劳务本期收到的现金、本期预收的商品款和劳务款等，本期发生销货退回而支付的现金应从销售商品或提供劳务收入款项中扣除。企业销售材料和代购代销业务收到的现金，也应在本项目中反映。

销售商品、提供劳务收到的现金＝利润表中主营业务收入 ×（1 ＋增值税税率）＋利润表中其他业务收入 ×（1 ＋增值税税率）＋（应收票据期初余额—应收票据期末余额）＋（应收账款期初余额—应收账款期末余额）＋（预收账款期末余额—预收账款期初余额）—计提的应收账款坏账准备期末余额

（2）"收到的税费返还"项目，反映企业收到返还的各种税费，如收到的增值税、企业所得税、消费税、增值税附加等返还款。

（3）"收到其他与经营活动有关的现金"项目，反映企业除上述各项目外，收到的其他与经营活动有关的现金，如罚款收入、投资性房地产收到的租金收入、流动资产损失中由个人赔偿的现金收入、除税费返还外的其他政府补贴收入等。

（4）"购买商品、接受劳务支付的现金"项目，反映企业购买商品、接受劳务支付的现金（包括支付的增值税进项税额）。主要包括本期购买商品、接受劳务本期支付的现金，本期支付前期购买商品、接受劳务的未付款项和本期预付款项。本期发生购货退回而收到的现金应从购买商品或接受劳务支付的款项中扣除。

（5）"支付给职工以及为职工支付的现金"项目，反映企业支付给职工的工资、薪金等，不包括支付给离退休人员的工资和在建工程人员的工资。需要注

意的是，支付给离退休人员的工资在"支付其他与经营活动有关的现金"项目中反映；支付给在建工程人员的工资在"购建固定资产、无形资产和其他长期资产支付的现金"项目中反映。

（6）"支付的各项税费"项目，反映企业支付的各项税费，如增值税、消费税及企业所得税等，不包括计入固定资产价值的实际支付的耕地占用税，也不包括本期退回的增值税、企业所得税等。需要注意的是，计入固定资产价值的实际支付的耕地占用税在"购建固定资产、无形资产和其他长期资产支付的现金"项目中反映；本期退回的增值税、企业所得税等在"收到的税费返还"项目中反映。

（7）"支付其他与经营活动有关的现金"项目，反映企业除上述各项目外，支付的其他与经营活动有关的现金，如罚款支出、支付的差旅费、业务招待费、办公费等。

2. 投资活动产生的现金流量

（1）"收回投资收到的现金"项目，反映企业出售、转让或到期收回除现金等价物以外的以公允价值计量且其变动计入当期损益的金融资产、以摊余成本计量的金融资产、以公允价值计量且其变动计入其他综合收益的金融资产、长期股权投资等收到的现金。不包括债权性投资收回的利息、收回的非现金资产，以及处置子公司及其他营业单位收到的现金净额。债权性投资收回的本金，在本项目中反映；债权性投资收回的利息，在"取得投资收益收到的现金"项目中反映。

（2）"取得投资收益收到的现金"项目，反映企业因股权性投资而分得的现金股利、因债权性投资而取得的利息收入。股票股利由于不产生现金流量，不在本项目中反映。包括在现金等价物范围内的债权性投资，其利息收入在本项目中反映。

（3）"处置固定资产、无形资产和其他长期资产收回的现金净额"项目，反映企业出售固定资产、无形资产和其他长期资产（如投资性房地产）所取得的现金减去为处置这些资产而支付的有关税费后的净额。需要注意的是，如所收回的现金净额为负数，则在"支付其他与投资活动有关的现金"项目中反映。

（4）"处置子公司及其他营业单位收到的现金净额"项目，反映企业处置子公司及其他营业单位所取得的现金减去子公司或其他营业单位持有的现金和现金等价物以及相关处置费用后的净额。需要注意的是，如所收回的现金净额为负数，则在"支付其他与投资活动有关的现金"项目中反映。

（5）"收到其他与投资活动有关的现金"项目，反映企业领取股利、债券利息等所得到的现金。如收到购买股票和债券时，支付实际价款中包含的已宣告但尚未领取的现金股利或已到付息期但尚未领取的债券利息，在实际收到时计入该项目。

（6）"购建固定资产、无形资产和其他长期资产支付的现金"项目，反映企业购买、建造固定资产，取得无形资产和其他长期资产所支付的现金，不包括为购建固定资产、无形资产和其他长期资产而发生的借款利息资本化的部分，以及融资租入固定资产支付的租赁费。需要注意的是，借款利息和融资租入固定资产支付的租赁费，在"筹资活动产生的现金流量净额"项目中单独反映。企业以分期付款方式购建的固定资产，其首次付款支付的现金作为投资活动的现金流出，以后各期支付的现金作为筹资活动的现金流出。

（7）"投资支付的现金"项目，反映企业进行权益性投资和债权性投资所支付的现金，包括企业取得的除现金等价物以外的以公允价值计量且其变动计入当期损益的金融资产、以摊余成本计量的金融资产、以公允价值计量且其变动计入其他综合收益的金融资产、长期股权投资以及支付的佣金、手续费等交易费用。

（8）"取得子公司及其他营业单位支付的现金净额"项目，反映企业取得子公司及其他营业单位购买出价中以现金支付的部分减去子公司或其他营业单位持有的现金和现金等价物后的净额。

（9）"支付其他与投资活动有关的现金"项目，反映企业购买股票、债券时，为其中包含的已宣告但尚未发放的现金股利或已到付息期但尚未领取的债券利息所支付的现金。

3. 筹资活动产生的现金流量

（1）"吸收投资收到的现金"项目，反映企业以发行股票等方式筹集资金实际收到的款项净额（发行收入减去发行费用后的净额）。发行股票支付的审计、咨询等费用，在"支付其他与筹资活动有关的现金"项目中反映。

（2）"取得借款收到的现金"项目，反映企业举借各种短期、长期借款而收到的现金，以及发行债券实际收到的款项净额（发行收入减去发行费用后的净额）。

（3）"收到其他与筹资活动有关的现金"项目，反映企业除上述各项目外，收到的其他与筹资活动有关的现金。

（4）"偿还债务支付的现金"项目，反映企业以现金偿还债务的本金，包括归还金融企业的借款本金、偿付企业到期的债券本金等。企业偿还的借款利息、债券利息，在"分配股利、利润或偿付利息支付的现金"项目中反映。

（5）"分配股利、利润或偿付利息支付的现金"项目，反映企业实际支付的现金股利、支付给其他投资单位的利润或用现金支付的借款利息、债券利息。

（6）"支付其他与筹资活动有关的现金"项目，反映企业除上述项目外，支付的其他与筹资活动有关的现金，如以发行股票、债券等方式筹集资金而由企业直接支付的审计、咨询等费用，以分期付款方式购入固定资产、无形资产等各期支付的现金等。

🔍【案例分析】

A公司为一家制造型企业，20×2年年初账上的货币资金余额为200万元，全部为银行存款，公司所有收付业务均通过银行存款办理。20×2年A公司发生以下有关现金流量项目的业务。

（1）本年度主营业务收入为1 000万元，增值税销项税额为130万元；应收账款期初余额为80万元，期末余额为50万元。

（2）本年度购买原材料成本为600万元，增值税进项税额为78万元；应付账款期初余额为150万元，期末余额为50万元。

（3）本年度支付员工工资100万元，社保费用10万元。

（4）年初未交所得税余额为20万元，本期所得税费用为15万元，期末未交所得税余额为18万元。

（5）本年度发生各类管理费用共30万元，均已通过银行存款支付。

（6）转让债券投资收到52万元，其中本金50万元，投资收益2万元。

（7）出售一台已报废的设备，收到银行存款5万元，支付清理费用1万元。

（8）以银行存款购入固定资产一台，价值100万元，增值税进项税额为

13 万元。

（9）从银行借入短期借款 500 万元，支付银行利息 10 万元。

（10）向股东分配现金股利 100 万元。

A 公司现金流量项目的计算过程如下。

销售商品、提供劳务收到的现金 =1 000+130+80-50=1 160（万元）

购买商品、接受劳务支付的现金 =600+78+150-50=778（万元）

支付给职工以及为职工支付的现金 =100+10=110（万元）

支付的各项税费 =20+15-18=17（万元）

支付其他与经营活动有关的现金 =30（万元）

收回投资收到的现金 =50（万元）

取得投资收益收到的现金 =2（万元）

处置固定资产、无形资产和其他长期资产收回的现金净额 =5-1=4（万元）

购建固定资产、无形资产和其他长期资产支付的现金 =100+13=113（万元）

取得借款收到的现金 =500（万元）

分配股利、利润或偿付利息支付的现金 =10+100=110（万元）

A 公司 20×2 年的现金流量表填列样式如表 9.8 所示。

表 9.8　A 公司现金流量表填列样式

单位名称：A 公司	20×2 年	单位：元
项目		本年累计数
一、经营活动产生的现金流量		
销售商品、提供劳务收到的现金		11 600 000
收到的税费返还		0
收到其他与经营活动有关的现金		0
经营活动现金流入小计		11 600 000
购买商品、接受劳务支付的现金		7 780 000
支付给职工以及为职工支付的现金		1 100 000
支付的各项税费		170 000
支付其他与经营活动有关的现金		300 000
经营活动现金流出小计		9 350 000
经营活动产生的现金流量净额		2 250 000
二、投资活动产生的现金流量		
收回投资收到的现金		500 000

（续表）

项目	本年累计数
取得投资收益收到的现金	20 000
处置固定资产、无形资产和其他长期资产收回的现金净额	40 000
处置子公司及其他营业单位收到的现金净额	0
收到其他与投资活动有关的现金	0
投资活动现金流入小计	560 000
购建固定资产、无形资产和其他长期资产支付的现金	1 130 000
投资支付的现金	0
取得子公司及其他营业单位支付的现金净额	0
支付其他与投资活动有关的现金	0
投资活动现金流出小计	1 130 000
投资活动产生的现金流量净额	−570 000
三、筹资活动产生的现金流量	
吸收投资收到的现金	0
取得借款收到的现金	5 000 000
收到其他与筹资活动有关的现金	0
筹资活动现金流入小计	5 000 000
偿还债务支付的现金	0
分配股利、利润或偿付利息支付的现金	1 100 000
支付其他与筹资活动有关的现金	0
筹资活动现金流出小计	1 100 000
筹资活动产生的现金流量净额	3 900 000
四、汇率变动对现金及现金等价物的影响	0
五、现金及现金等价物净增加额	5 580 000
加：期初现金及现金等价物余额	2 000 000
六、期末现金及现金等价物余额	7 580 000

9.5　所有者权益变动表的编制

　　所有者权益变动表在实务工作中最不常见，很多企业，尤其是中小企业，不要求编制该报表。所有者权益变动表主要为报表使用者提供所有者权益总量增减变动的信息，也能为其提供所有者权益增减变动的结构性信息，特别是能够让报表使用者理解所有者权益增减变动的根源。

9.5.1 所有者权益变动表的内容

所有者权益变动表，是指反映构成所有者权益的各组成部分当期的增减变动情况的报表。由于所有者权益变动表在企业中应用并不广泛，尤其是在中小企业，所以往往会被有关部门忽略。通过所有者权益变动表，我们可以看到企业的收益情况、分红政策、回购政策以及财务状况，从而判断该企业是不是一家优质企业。在所有者权益变动表上，企业至少应当单独列示反映下列信息的项目。

（1）综合收益总额。

（2）会计政策变更和差错更正的累积影响金额。

（3）所有者投入资本和向所有者分配利润等。

（4）提取的盈余公积。

（5）实收资本、其他权益工具、资本公积、其他综合收益、专项储备、盈余公积、未分配利润的期初余额和期末余额及其调节情况。

所有者权益变动表的样式如表 9.9 所示。

表 9.9　所有者权益变动表样式

单位名称：　　　　　　　　　　＿＿年＿＿月　　　　　　　　　　单位：元

项目	实收资本（或股本）	其他权益工具			资本公积	减：库存股	其他综合收益	专项储备	盈余公积	未分配利润	所有者权益合计
		优先股	永续债	其他							
一、上期期末余额											
加：会计政策变更											
前期差错更正											
其他											
二、本期期初余额											
三、本期增减变动金额（减少以"-"号填列）											
（一）综合收益总额											
1. 净利润											
2. 直接计入所有者权益的利得和损失											

（续表）

项目	本年金额									
	实收资本（或股本）	其他权益工具			资本公积	减：库存股	其他综合收益	专项储备	盈余公积	未分配利润	所有者权益合计
		优先股	永续债	其他							
（二）所有者投入和减少资本											
1.所有者投入的普通股											
2.其他权益工具持有者投入资本											
3.股份支付计入所有者权益的金额											
4.其他											
（三）利润分配											
1.提取盈余公积											
2.对所有者（或股东）的分配											
3.其他											
（四）所有者权益内部结转											
1.资本公积转增资本（或股本）											
2.盈余公积转增资本（或股本）											
3.盈余公积弥补亏损											
4.设定受益计划变动额结转留存收益											
5.其他综合收益结转留存收益											
6.其他											
（五）专项储备											
1.本期提取											
2.本期使用											
（六）其他											
四、本期期末余额											

9.5.2 所有者权益变动表的填列方法

所有者权益变动表按所有者权益增减变动时间及内容可分为"上期期末余额"、"本期期初余额"、"本期增减变动金额"和"本期期末余额"四栏，主要的公式如下。

上期期末余额 + 会计政策变更、前期差错更正及其他 = 本期期初余额

本期期初余额 + 本期增减变动金额 = 本期期末余额

其中，本期增减变动金额按照所有者权益增减变动的交易或事项列示，即

本期增减变动金额 = 综合收益总额 ± 所有者投入和减少资本 ± 利润分配 ±

所有者权益内部结转 ± 专项储备 ± 其他

所有者权益变动表各项目的填列方法主要如下。

（1）"上期期末余额"项目，反映企业上期资产负债表中实收资本（或股本）、其他权益工具、资本公积、库存股、其他综合收益、专项储备、盈余公积、未分配利润的期末余额。

（2）"会计政策变更"项目，反映企业采用追溯调整法处理的会计政策变更的累积影响金额。

（3）"前期差错更正"项目，反映企业采用追溯重述法处理的会计差错更正的累积影响金额。

（4）"综合收益总额"项目，反映企业净利润和其他综合收益扣除所得税影响后的净额相加后的合计金额。

（5）"所有者投入和减少资本"项目，反映企业当期所有者投入的资本和减少的资本。该项目包括以下内容。

①"所有者投入的普通股"项目，反映企业接受投资者投入形成的实收资本（或股本）和资本溢价或股本溢价。

②"其他权益工具持有者投入资本"项目，反映企业发行的除普通股以外分类为权益工具的金融工具的持有者投入资本的金额。

③"股份支付计入所有者权益的金额"项目，反映企业处于等待期中的权益结算的股份支付当期计入资本公积的金额。

④"其他"项目，反映企业当期除上述情况外其他所有者投入和减少资本的情形。

（6）"利润分配"项目，反映企业当期的利润分配金额。该项目包括以下内容。

①"提取盈余公积"项目，反映企业当期根据盈利情况提取盈余公积的金额。

②"对所有者（或股东）的分配"项目，反映企业当期对所有者（或股东）

分红的金额。

③ "其他" 项目，反映企业当期除上述情况外其他利润分配的情形。

（7）"所有者权益内部结转" 项目，反映企业构成所有者权益的组成部分之间当期的增减变动情况。该项目包括以下内容。

① "资本公积转增资本（或股本）" 项目，反映企业当期以资本公积转增资本（或股本）的金额。

② "盈余公积转增资本（或股本）" 项目，反映企业当期以盈余公积转增资本（或股本）的金额。

③ "盈余公积弥补亏损" 项目，反映企业当期以盈余公积弥补亏损的金额。

④ "设定受益计划变动额结转留存收益" 项目，反映企业因重新计量设定受益计划净负债或净资产所产生的变动计入其他综合收益，结转至留存收益的金额。

⑤ "其他综合收益结转留存收益" 项目，主要反映两种情形：第一，企业指定为以公允价值计量且其变动计入其他综合收益的非交易性权益工具投资终止确认时，之前计入其他综合收益的累计利得或损失从其他综合收益中转入留存收益的金额；第二，企业指定为以公允价值计量且其变动计入当期损益的金融负债终止确认时，之前由企业自身信用风险变动引起而计入其他综合收益的累计利得或损失从其他综合收益中转入留存收益的金额等。

⑥ "其他" 项目，反映企业当期除上述情况外其他构成所有者权益的组成部分之间的增减变动情形。

（8）"专项储备" 项目，反映企业当期因安全生产等计提的专项储备的增减变动情况。该项目包括 "本期提取" 项目，反映企业当期提取专项储备的金额，以及 "本期使用" 项目，反映企业当期使用专项储备的金额。

（9）"其他" 项目，反映企业当期除以上所有情况外其他导致所有者权益增减变动的情形。

通过填列以上所有情况的发生金额，再结合 "上期期末余额" 和有关公式，就可以计算出 "本期期末余额" 了。

🔍【案例分析】

A公司为一家制造型企业，20×2年年初所有者权益各项目余额为注册资本100万元，资本公积50万元，盈余公积30万元，未分配利润50万元。20×2年A公司发生以下有关现金流量项目的业务。

（1）本年度实现净利润30万元。

（2）本年度获得其他综合收益5万元。

（3）本年度提取盈余公积3万元。

（4）本年度向股东分配现金分红10万元。

A公司20×2年所有者权益变动表填列如表9.10所示。

表9.10　A公司20×2年所有者权益变动表填列

单位名称：A公司										20×2年			单位：元

项目	本年金额												
项目	实收资本（或股本）	其他权益工具			资本公积	减：库存股	其他综合收益	专项储备	盈余公积	未分配利润	所有者权益合计
		优先股	永续债	其他							
一、上期期末余额	1 000 000				500 000				300 000	500 000	2 300 000
加：会计政策变更											
前期差错更正 其他											
二、本期期初余额	1 000 000				500 000				300 000	500 000	2 300 000
三、本期增减变动金额（减少以"-"号填列）							50 000		30 000	170 000	
（一）综合收益总额							50 000			300 000	
1.净利润										300 000	
2.直接计入所有者权益的利得和损失							50 000				
（二）所有者投入和减少资本											

（续表）

项目	实收资本（或股本）	其他权益工具			资本公积	减：库存股	其他综合收益	专项储备	盈余公积	未分配利润	所有者权益合计
		优先股	永续债	其他							
1. 所有者投入的普通股											
2. 其他权益工具持有者投入资本											
3. 股份支付计入所有者权益的金额											
4. 其他											
（三）利润分配											
1. 提取盈余公积									30 000	−30 000	
2. 对所有者（或股东）的分配										−100 000	
3. 其他											
（四）所有者权益内部结转											
1. 资本公积转增资本（或股本）											
2. 盈余公积转增资本（或股本）											
3. 盈余公积弥补亏损											
4. 设定受益计划变动额结转留存收益											
5. 其他综合收益结转留存收益											
6. 其他											
（五）专项储备											
1. 本期提取											
2. 本期使用											
（六）其他											
四、本期期末余额	1 000 000				500 000		50 000		330 000	670 000	2 550 000

9.6 财务报表附注的编制

财务报表附注，是指旨在帮助财务报表使用者深入了解基本财务报表的内容，财务报表制作者对资产负债表、利润表、现金流量表和所有者权益变动表的有关内容和项目所做的说明和解释。财务报表附注是财务报表的重要组成部分。《企业会计准则》规定，财务报表附注应当按照如下顺序披露有关内容。

（1）企业的基本情况

①企业注册地、组织形式和总部地址。

②企业的业务性质和主要经营活动。

③母公司以及集团最终母公司的名称。

④财务报告的批准报出者和财务报告批准报出日，或者以签字人及其签字日期为准。

⑤营业期限有限的企业，还应当披露有关其营业期限的信息。

（2）财务报表的编制基础

①会计年度。

②计量属性。

③记账本位币。

④持续经营假设。

（3）遵循《企业会计准则》的声明

企业应当声明编制的财务报表符合《企业会计准则》的相关要求，真实、完整地反映了企业的财务状况、经营成果和现金流量等有关信息。

（4）重要会计政策和会计估计

①重要会计政策的说明：企业应当披露采用的重要会计政策，并结合企业的实际情况披露其重要会计政策的确定依据和财务报表项目的计量基础。其中，会计政策的确定依据主要是指企业在运用会计政策过程中所做的重要判断，这些判断对在财务报表中确认的项目金额具有重要影响。

②重要会计估计的说明：企业应当披露重要会计估计，并结合企业的实际情况披露其会计估计所采用的关键假设和不确定因素。重要会计估计的说明，包括可能导致下一个会计期间内资产、负债账面价值发生重大调整的会计估计

的确定依据等。

（5）会计政策和会计估计变更以及差错更正的说明

企业应当按照《企业会计准则第 28 号——会计政策、会计估计变更和差错更正》规定，披露会计政策和会计估计变更以及差错更正的有关情况。

（6）报表重要项目的说明

企业应当以文字和数字描述相结合的形式，尽可能以列表形式披露重要报表项目的构成或当期增减变动情况，并且报表重要项目的明细金额合计，应当与报表项目金额相衔接。在披露顺序上，一般应当按照资产负债表、利润表、现金流量表、所有者权益变动表的顺序及其报表项目列示的顺序。

（7）其他需要说明的重要事项

主要包括或有和承诺事项、资产负债表日后非调整事项、关联方关系及其交易等需要说明的重要事项。

第 10 章
工业企业纳税申报处理

依法纳税是企业在经营过程中必须履行的一项义务。一家企业想要发展得更好，就必须合理、合法地纳税。工业企业涉及的税种繁多，企业须根据不同的税种和政策进行计算和申报。同时，由于工业企业税收政策经常改变，特别是中小企业，其涉及的税收优惠几乎每年都有变化，企业和财务人员应及时了解相关税收政策规定，确保企业正确、合规地进行纳税申报。

本章主要介绍几种工业企业常见的税种，其中还包含一些最新的税收政策以及相关案例。本章主要涉及的知识点有：

- 工业企业涉及的税种
- 增值税的纳税申报处理
- 附加税的纳税申报处理
- 印花税的纳税申报处理
- 企业所得税的纳税申报处理
- 个人所得税的纳税申报处理
- 房产税的纳税申报处理
- 城镇土地使用税的纳税申报处理

10.1 工业企业涉及的税种

依法纳税，是每个公民应尽的义务。无论是个人所得还是企业所得，都需要依法依规缴纳税款。由于生产经营模式的复杂性，工业企业的种类繁多，不同种类的工业企业所涉及的税种也不尽相同。

对于工业企业来说，一般会涉及的税种有增值税、城市维护建设税、教育费附加、地方教育附加、印花税、个人所得税、企业所得税等。

10.2 增值税

增值税是工业企业最常见的税种。凡是从事生产经营活动的工业企业，必然从事工业产品的销售，都应当按照"销售应税货物"缴纳增值税。

10.2.1 增值税的含义和征税范围

增值税是以商品（含应税劳务）在流转过程中所产生的增值额作为计税依据而征收的一种流转税。增值税是一种价外税，即税金是在价格之外附加的税。价外税课征的重点是消费者，税款最终由消费者承担。

增值税的征税范围包括销售和进口货物、提供加工及修理修配劳务。这里的货物主要是指有形动产，包括热力、电力和气体等，不包括不动产；加工是指受托加工货物，即委托方提供原料及主要材料，受托方按照委托方的要求制造货物并收取加工费的业务；修理修配是指受托对损伤和丧失功能的货物进行修复，使其恢复原状和功能的业务。

以下行为视同为销售货物，按照适用税率缴纳增值税。

（1）将货物交付其他单位或者个人代销。

（2）销售代销货物。

（3）设有两个以上机构并实行统一核算的纳税人，将货物从一个机构移送其他机构用于销售，但相关机构设在同一县（市）的除外。

（4）将自产、委托加工的货物用于非增值税应税项目。

（5）将自产、委托加工的货物用于集体福利或者个人消费。

（6）将自产、委托加工或者购进的货物作为投资，提供给其他单位或者个体工商户。

（7）将自产、委托加工或者购进的货物分配给股东或者投资者。

（8）将自产、委托加工或者购进的货物无偿赠送给其他单位或者个人。

视同销售的货物若没有销售金额，应当按照以下顺序确定销售额。

（1）按纳税人最近时期同类货物平均售价。

（2）按其他纳税人最近时期同类货物平均售价。

（3）按组成计税价格。组成计税价格＝成本×（1+成本利润率）÷（1-消费税税率）。

【案例分析】

A 公司为一家制造型企业，是增值税一般纳税人，适用的增值税税率为13%。本月将自产货物发放给职工作为节日福利，该货物的市场公允价值含增值税价为 113 000 元，生产成本不含税价为 80 000 元。

A 公司的会计处理如下。

借：管理费用　　　　　　　　　　　　　　　113 000
　　贷：应付职工薪酬　　　　　　　　　　　　　113 000
借：应付职工薪酬　　　　　　　　　　　　　113 000
　　贷：主营业务收入　　　　　　　　　　　　　100 000
　　　　应交税费——应交增值税（销项税额）　　 13 000
借：主营业务成本　　　　　　　　　　　　　 80 000
　　贷：库存商品　　　　　　　　　　　　　　　 80 000

10.2.2　增值税一般纳税人和小规模纳税人

增值税纳税义务人按其年应税销售额可分为一般纳税人和小规模纳税人。

一般纳税人是指年应税销售额（包括一个公历年度内的全部应税销售额）超过财政部、国家税务总局规定的小规模纳税人标准的纳税人。按照目前的标准，年应税销售额在 500 万元以上的企业为一般纳税人，其余为小规模纳税人。年应税销售额未超过规定标准的纳税人，会计核算健全，能够提供准确税务资料的，可以向主管税务机关办理一般纳税人资格登记。

一般纳税人和小规模纳税人的主要区别如下。

（1）适用税率不同：小规模纳税人一般适用 3% 的税率；一般纳税人一般适用 6%、9%、13% 或 0% 的税率。

（2）开具发票权限不同：小规模纳税人销售货物只能开具增值税普通发票；一般纳税人销售货物既可以开具增值税普通发票，也可以开具增值税专用发票。

（3）进项税额抵扣权限不同：小规模纳税人取得增值税专用发票不能抵扣进项，只能作为企业的成本进行记账；一般纳税人取得增值税专用发票可作为进项税额的抵扣凭证，其进项税额可以抵减当期应纳税额。

（4）纳税申报时间不同：小规模纳税人一般按季度申报增值税；一般纳税人按月申报增值税。

10.2.3　增值税计税方法

1. 一般纳税人计税方法

一般纳税人销售货物或提供劳务和应税服务适用一般计税方法计税。其计算公式为

$$当期应纳增值税额 = 当期销项税额 - 当期进项税额$$

$$销项税额 = 不含税销售额 \times 增值税税率$$

$$进项税额 = 不含税采购额 \times 增值税税率$$

如果当期的销项税额小于当期进项税额而不足抵扣时，当期应纳增值税额为 0，当期进项税额未抵扣部分可以结转到下期继续进行抵扣。不同行业的一般纳税人的增值税税率如表 10.1 所示。

表 10.1　不同行业的一般纳税人的增值税税率

增值税项目	政策内容	税率
销售或者进口货物	粮食等农产品、食用植物油、食用盐	9%
	自来水、暖气、冷气、热气、煤气、液化石油气、沼气、二甲醚、天然气、居民用煤炭制品	
	图书、报纸、杂志、音像制品、电子出版物	
	饲料、化肥、农药、农机、农膜	
	国务院规定的其他货物	
	除以上列举的货物	13%
销售劳务	加工、修理修配劳务	13%
销售无形资产	转让技术、商标、著作权、商誉、自然资源（土地使用权除外）和其他权益性无形资产所有权或使用权	6%
	土地使用权	9%
销售不动产	转让建筑物、构筑物等不动产所有权	9%
交通运输服务	陆路运输服务	9%
	水路运输服务	
	航空运输服务	
	管道运输服务	
	无运输工具承运业务	
邮政服务	邮政普通服务	9%
	邮政特殊服务	
	其他邮政服务	
电信服务	基础电信服务	9%
	增值电信服务	6%
建筑服务	工程服务	9%
	安装服务	
	修缮服务	
	装饰服务	
	其他建筑服务	
金融服务	贷款服务	6%
	直接收费金融服务	
	保险服务	
	金融商品转让	

（续表）

增值税项目	政策内容		税率
现代服务	研发和技术服务		6%
	信息技术服务		
	文化创意服务		
	物流辅助服务		
	鉴证咨询服务		
	广播影视服务		
	商务辅助服务		
	其他现代服务		
	租赁服务	有形动产租赁服务	13%
		不动产租赁服务	9%
生活服务	文化体育服务		6%
	教育医疗服务		
	旅游娱乐服务		
	餐饮住宿服务		
	居民日常服务		
	其他生活服务		
出口货物、服务、无形资产	出口货物（国务院另有规定的除外）		0%
	跨境销售国务院规定范围内服务、无形资产		
	销售货物、劳务，提供跨境应税行为，符合免税条件		免税
	销售适用增值税零税率的服务或无形资产的，可以放弃适用增值税零税率，选择免税或按规定缴纳增值税。放弃适用增值税零税率后，36 个月内不得再申请适用增值税零税率		

2. 小规模纳税人计税方法

小规模纳税人销售货物或提供劳务和应税服务适用简易计税方法计税。其计算公式为

$$当期应纳增值税额 = 当期不含税销售额 \times 征收率$$

小规模纳税人适用的征收率：法定征收率 3%；特殊征收率 5%。适用特殊征收率 5% 的情形包括小规模纳税人销售自建或者取得的不动产、出租不动产。

【案例分析】

A 公司为一家制造型企业，是增值税一般纳税人，本月发生以下业务。

（1）外购一批原材料，取得增值税专用发票，发票注明金额为 100 000 元，税额为 13 000 元；另支付运费 5 000 元，取得普通发票。

（2）外购一台设备，取得增值税专用发票，发票注明金额为 20 000 元，税额为 2 600 元。

（3）销售一批产品，取得含税收入为 169 500 元，税率为 13%。

A 公司本月初增值税进项税额余额为 1 000 元。

A 公司本月的增值税计算过程如下：

进项税额 =13 000+2 600=15 600（元）（运费普通发票不能抵扣进项税额）

销项税额 =169 500÷（1+13%）×13%=19 500（元）

本月应交增值税 =19 500-15 600-1 000=2 900（元）

沿用本案例，假设 A 公司为小规模纳税人，征收率为 3%。

A 公司本月的增值税计算过程如下。

小规模纳税人不能抵扣进项税额，月初也不存在进项税额余额，所以，A 公司本月应交增值税 =169 500÷（1+3%）×3%=4 936.89（元）。

10.3　附加税

附加税是指随正税按照一定比例征收的税。这里的正税主要指的是增值税和消费税。附加税一般包括城市维护建设税、教育费附加和地方教育附加。

10.3.1　城市维护建设税

城市维护建设税（以下简称城建税），是指中国为加强城市维修建设、扩大和稳定城市维修建设资金的来源，向有营业收入的单位和个人征收的税种。根据相关规定，城建税的税率分为三档。

（1）纳税人所在地为城市市区的，税率为 7%；

（2）纳税人所在地为县、镇的，税率为 5%；

（3）纳税人所在地不在城市、县或镇的，税率为 1%。

城建税的计算公式为

$$应纳城建税额 = （实际缴纳增值税 + 消费税）× 适用税率$$

10.3.2 教育费附加和地方教育附加

教育费附加是由税务机关负责征收，同级教育部门统筹安排，同级财政部门监督管理，专门用于发展地方教育事业的预算外资金。其主要作用为发展本地教育，扩大本地教育资金来源。

教育费附加征收率为 3%，即

$$应纳教育费附加 = （实际缴纳增值税 + 消费税）× 3\%$$

地方教育附加是指根据国家有关规定，为实施科教兴省战略，增加地方教育资金投入，促进各省、自治区、直辖市教育发展而征收的地方政府基金。这一收入主要用于补充各地教育资金。

地方教育附加征收率为 2%，即

$$应纳地方教育附加 = （实际缴纳增值税 + 消费税）× 2\%$$

【案例分析】 >>>>>

A 公司为一家制造型企业，公司注册地在某地级市市区，本月缴纳增值税 100 000 元，没有缴纳消费税。

A 公司本月应纳附加税如下。

应纳城建税 =100 000×7%=7 000（元）

应纳教育费附加 =100 000×3%=3 000（元）

应纳地方教育附加 =100 000×2%=2 000（元）

A 公司会计处理如下。

先计提应交税费：

借：税金及附加	12 000
贷：应交税费——应交城市维护建设税	7 000
应交税费——应交教育费附加	3 000

	应交税费——应交地方教育附加	2 000

实际缴纳税款时：

借：应交税费——应交城市维护建设税　　　　　　　　7 000

　　应交税费——应交教育费附加　　　　　　　　　　3 000

　　应交税费——应交地方教育附加　　　　　　　　　2 000

　　贷：银行存款　　　　　　　　　　　　　　　　　　　　12 000

10.4　印花税

印花税是指对在中国境内从事经济活动和经济交往的单位和个人，就其书立、领受的应税凭证征收的一种税。因为其采用通过纳税人在应税凭证上粘贴印花税票的形式征税，所以称为印花税。

印花税是对经济活动和经济交往中书立、领受具有法律效力的凭证的行为所征收的一种税。上述具有法律效力的凭证是经济合同如购销、加工承揽、建筑安装工程承包、建设工程勘察设计、财产租赁、货物运输、仓储保管、借款、财产保险、技术合同和其他具有合同性质的凭证。印花税的纳税人包括在中国境内书立、领受规定的经济凭证的企业、行政单位、事业单位、军事单位、社会团体、其他单位、个体工商户和其他个人。

印花税根据所立合同的不同适用不同的税率，其税率如表 10.2 所示。

表 10.2　印花税税率

序号	税目	范围	税率	纳税人
1	买卖合同	包括供应、预购、采购、购销、结合及协作、调剂、补偿、易货等合同	按购销金额的0.3‰贴花	立合同人
2	加工承揽合同	包括加工、定制、修缮、修理、印刷广告、测绘、测试等合同	按加工或承揽收入的0.3‰贴花	立合同人
3	建设工程合同	包括勘察设计合同、安装工程承包合同	按收取费用的0.3‰贴花	立合同人
4	财产租赁合同	包括租赁房屋、船舶、飞机、机动车辆、机械、器具、设备等合同	按租赁金额的1‰贴花	立合同人
5	货物运输合同	包括民用航空运输、铁路运输、海上运输、内河运输、公路运输和联运合同	按运输费用的0.3‰贴花	立合同人

（续表）

序号	税目	范围	税率	纳税人
6	仓储保管合同	包括仓储、保管合同	按仓储保管费用的1‰贴花	立合同人
7	借款合同	银行及其他金融组织和借款人（不包括银行同业拆借）所签订的借款合同	按借款金额的0.05‰贴花	立合同人
8	财产保险合同	包括财产、责任、保证、信用等保险合同	按保险费收入的1‰贴花	立合同人
9	技术合同	包括技术开发、转让、咨询、服务等合同	按所载金额的0.3‰贴花	立合同人
10	产权转移书据	包括土地使用权出让合同、土地使用权转让合同、商品房销售合同	按所载金额的0.5‰贴花	立据人
		包括商标专用权、著作权、专利权、专有技术使用权等转移书据	按所载金额的0.3‰贴花	
11	营业账簿	企业账上记载"实收资本"和"资本公积"的金额	记载资金的账簿，按实收资本和资本公积的合计金额的0.25‰贴花	立账簿人
12	证券交易	证券市场上买卖、继承、赠与所确立的股权转让依据	按证券交易成交金额的1‰贴花	出让方

注：以上税率出自《中华人民共和国印花税法》，自2022年7月1日起施行。

【案例分析】

A公司为一家制造型企业，公司注册资本金额为1 000 000元，全部于本月缴足；本月销售商品不含税收入为300 000元，采购原材料不含税金额为200 000元；与银行签订借款合同，从银行贷款2 000 000元。

A公司本月应缴纳印花税=1 000 000×0.25‰ +（300 000+200 000）×0.3‰ + 2 000 000×0.05‰ =250+150+100=500（元）

A公司会计处理如下。

借：税金及附加　　　　　　　　　　　　　　　　　　500

　　贷：银行存款　　　　　　　　　　　　　　　　　　500

需要注意的是，印花税无须计提，直接在缴纳税款时计入"税金及附加"科目。

10.5　企业所得税

企业所得税是中国现行税制中仅次于增值税的第二大税种，在企业纳税活动中占有重要地位。企业所得税属于地方税的主体税种，是地方财政收入的主要来源。

10.5.1　企业所得税的含义和纳税义务人

企业所得税，是指对中国境内的企业和其他取得收入的组织的生产经营所得和其他所得征收的一种所得税。企业所得税的纳税人包括各类企业、事业单位、社会团体、民办非企业单位和从事经营活动的其他组织。个人独资企业、合伙企业不属于企业所得税纳税义务人。

企业所得税采取收入来源地管辖权和居民管辖权相结合的双管辖权，把企业分为居民企业和非居民企业，分别确定不同纳税义务。

（1）居民企业，是指依法在中国境内成立，或者依照外国（地区）法律成立但实际管理机构在中国境内的企业。

（2）非居民企业，是指依照外国（地区）法律成立且实际管理机构不在中国境内，但在中国境内设立机构、场所的，或者在中国境内未设立机构、场所，但有来源于中国境内所得的企业。

居民企业和非居民企业的判定标准和适用税率如表 10.3 所示。

表 10.3　居民企业和非居民企业的判定标准和适用税率

纳税人	判定标准	举例	适用税率
居民企业	依照中国法律、法规在中国境内成立的企业	在国内成立的绝大多数企业	25%
	依照外国（地区）法律成立但实际管理机构在中国境内的企业	互联网公司在开曼群岛注册离岸公司，但其实际管理机构仍在中国境内	
非居民企业	依照外国（地区）法律成立且实际管理机构不在中国境内，但在中国境内设立机构、场所的企业	在中国设立有代表处及其他分支机构的外国企业	25%
	在中国境内未设立机构、场所，但有来源于中国境内所得的企业	在中国境内未设立机构、场所的某外国企业，投资中国境内居民企业	20%

其中，居民企业应当就其来源于中国境内、境外的所得缴纳企业所得税。非居民企业在中国境内设立机构、场所的，应当就其所设机构、场所取得的来源于中国境内的所得，以及发生在中国境外但与其所设机构、场所有实际联系的所得，缴纳企业所得税；非居民企业在中国境内未设立机构、场所的，或者虽设立机构、场所但取得的所得与其所设机构、场所没有实际联系的，应当就其来源于中国境内的所得缴纳企业所得税。两者的纳税义务差别如表 10.4 所示。

表 10.4　居民企业和非居民企业纳税义务差别

企业类型	纳税义务
居民企业	就来源于中国境内、境外的所得履行纳税义务
非居民企业	就来源于中国境内的所得以及发生在中国境外但与其在中国境内所设机构、场所有实际联系的所得履行纳税义务

10.5.2　企业所得税的计算

企业所得税的计算公式为

$$应纳所得税额 = 应纳税所得额 \times 所得税税率$$

应纳税所得额 = 会计利润总额 ± 纳税调整项目 = 营业收入 − 营业成本 − 期间费用（销售费用、管理费用、财务费用）− 税金 + 营业外收入 − 营业外支出 ± 纳税调整额 − 允许弥补的以前年度亏损

营业收入包括主营业务收入和其他业务收入，营业成本包括主营业务成本和其他业务成本。企业纳税年度发生的亏损，准予向以后年度结转，用以后年度的所得弥补，但结转年限最长不得超过五年。

居民企业所得税的税率为 25%。非居民企业所得税税率分为 25% 和 20% 两种情况。

（1）非居民企业在中国境内设立机构、场所的，其所设机构、场所取得的来源于中国境内的所得，以及发生在中国境外但与其所设机构、场所有实际联系的所得，企业所得税的税率为 25%。

（2）非居民企业在中国境内未设立机构、场所的，或虽设立机构、场所但取得的所得与其所设机构、场所没有实际联系的，其来源于中国境内的所得，

适用税率为 20%，减按 10% 的税率征收。

　　企业满足相关条件的，可以申请认定为小型微利企业和高新技术企业，享受特定的税收优惠政策，具体如表 10.5 所示。

表 10.5　小型微利企业和高新技术企业税收优惠

企业类型	认定条件	税收优惠标准
小型微利企业	1. 从事国家非限制和禁止行业。 2. 年度应纳税所得额不超过 300 万元。 3. 从业人数不超过 300 人。 4. 资产总额不超过 5 000 万元	对小型微利企业年应纳税所得额不超过 100 万元的部分，减按 12.5% 计入应纳税所得额，按 20% 的税率缴纳企业所得税；对小型微利企业年应纳税所得额超过 100 万元但不超过 300 万元的部分，减按 25% 计入应纳税所得额，按 20% 的税率缴纳企业所得税
高新技术企业	1. 企业申请认定时须注册成立一年以上。 2. 企业通过自主研发、受让、受赠、并购等方式，获得对其主要产品（服务）在技术上发挥核心支持作用的知识产权的所有权。 3. 对企业主要产品（服务）发挥核心支持作用的技术属于《国家重点支持的高新技术领域》规定的范围。 4. 企业从事研发和相关技术创新活动的科技人员占企业当年职工总数的比例不低于 10%。 5. 企业近三个会计年度（实际经营期不满三年的按实际经营时间计算，下同）的研究开发费用总额占同期销售收入总额的比例符合如下要求。 a. 最近一年销售收入小于 5 000 万元（含）的企业，比例不低于 5%。 b. 最近一年销售收入在 5 000 万元至 2 亿元（含）的企业，比例不低于 4%。 c. 最近一年销售收入在 2 亿元以上的企业，比例不低于 3%。 6. 近一年高新技术产品（服务）收入占企业同期总收入的比例不低于 60%。 7. 企业创新能力评价应达到相应要求。 8. 企业申请认定前一年内未发生重大安全、重大质量事故或严重环境违法行为	高新技术企业的企业所得税减免 10%，按照 15% 征收

Q【案例分析】 ————————————————————————>>>>>

A公司为一家制造型企业，从事国家非禁止行业，当年平均从业人数为100人，全年平均资产总额为3 000万元，全年实现销售收入600万元，发生成本费用共400万元，没有其他纳税调整项目，计算A公司当年应纳所得税额。

A公司应纳税所得额=600-400=200万元＜300万元，且从业人数不超过300人，资产总额不超过5 000万元，A公司符合小型微利企业税收优惠条件，可以享受所得税优惠。

A公司应纳所得税额=100×12.5%×20%+（200-100）×25%×20%=7.5（万元）

企业所得税的征税收入范围为企业以货币形式和非货币形式从各种来源取得的收入总额，主要包括以下几种。

（1）销售货物收入。

（2）提供劳务收入。

（3）转让财产收入。

（4）股息、红利等权益性投资收益。

（5）利息收入。

（6）租金收入。

（7）特许权使用费收入。

（8）接受捐赠收入。

（9）其他收入。

根据规定，企业实际发生的与取得收入有关的、合理的支出，包括成本、费用、税金、损失及其他支出，准予在计算应纳税所得额时扣除。除了上述可扣除项目外，还有一些项目存在扣除限额，如表10.6所示。

表10.6 企业所得税特殊项目扣除标准

费用类型	扣除标准
职工福利费	不超过工资薪金总额14%的部分，准予扣除
职工教育经费	不超过工资薪金总额8%的部分，准予在计算企业所得税应纳税所得额时扣除，超过的部分，准予在以后纳税年度结转扣除
职工工会经费	不超过工资薪金总额2%的部分，准予扣除

（续表）

费用类型	扣除标准
业务招待费	按照发生额的 60% 扣除，但最高不得超过当年销售（营业）收入的 5‰
广告宣传费	对于一般企业，不超过当年销售（营业）收入 15% 的部分，准予扣除，超过的部分，准予在以后纳税年度结转扣除；对于化妆品制造或者销售、医药制造和饮料制造（不含酒类制造）企业，不超过当年销售（营业）收入 30% 的部分，准予扣除，超过的部分，准予在以后的纳税年度结转扣除；对于烟草企业，一律不得在计算应纳税所得额时扣除
公益性捐赠支出	通过公益性社会组织或者县级（含县级）以上人民政府及其组成部门和直属机构，用于慈善活动、公益事业的捐赠支出，在年度利润总额 12% 以内的部分，准予在计算应纳税所得额时扣除；超过年度利润总额 12% 的部分，准予结转以后三年内在计算应纳税所得额时扣除
手续费和佣金支出	对于一般企业，不超过企业当年销售（营业）收入总额 5% 的部分，准予在企业所得税前据实扣除；对于保险企业，不超过当年全部保费收入扣除退保金等后余额的 18%（含本数）的部分，在计算应纳税所得额时准予扣除，超过部分允许结转以后年度扣除
利息支出	一般企业向金融企业借款的利息支出、金融企业的各项存款利息支出和同业拆借利息支出、企业经批准发行债券的利息支出，可以据实扣除；一般企业向非金融企业借款的利息支出，不超过按照金融企业同期同类贷款利率计算的数额的部分，可以税前扣除
补充养老、医疗保险	分别不超过工资薪金总额的 5%，准予税前扣除
研发费用	制造业企业在开展研发活动中实际发生的研发费用，未形成无形资产计入当期损益的，在按照规定据实扣除的基础上，再按照实际发生额的 100%（非制造业按 75%）在税前加计扣除；形成无形资产的，按照无形资产成本的 200%（非制造业按 175%）在税前摊销

除了以上可扣除项目外，以下费用项目不得在计算应纳税所得额时扣除，主要包括：

（1）向投资者支付的股息、红利等权益性投资收益款项；

（2）企业所得税税款；

（3）税收滞纳金；

（4）罚金、罚款和被没收财物的损失（经营性罚款可以扣除，行政性罚款不得扣除）；

（5）超过年度利润总额 12% 部分的公益性捐赠支出当年不得扣除（非公益性的捐赠也不得扣除）；

（6）企业发生与生产经营活动无关的各种非广告性质的赞助支出；

（7）未经核定的准备金支出；

（8）企业之间支付的管理费、企业内营业机构之间支付的租金和特许权使用费，以及非银行企业内营业机构之间支付的利息；

（9）与取得收入无关的其他支出。

企业所得税分为季度预缴和年度汇算清缴。企业应当自季度终了之日起 15 日内，向税务机关报送企业所得税预缴申报表，预缴税款；并应当自年度终了之日起 5 个月内，向税务机关报送年度企业所得税汇算清缴申报表，结清应缴应退金额。

企业所得税应通过"应交税费"科目下设置的"应交企业所得税"明细科目进行核算，其会计处理如下。

计提企业所得税时：

借：所得税费用

　　贷：应交税费——应交企业所得税

缴纳企业所得税款时：

借：应交税费——应交企业所得税

　　贷：银行存款

【案例分析】

A 公司为一家制造型企业，不属于国家高新技术企业，本年度发生以下业务。

（1）本年度销售国内客户甲产品不含税金额共 3 000 万元，该批产品的成本为 1 200 万元。

（2）将自产的一批乙产品用于职工福利，该批产品的成本为 80 万元，市场售价为不含税金额 100 万元。

（3）对外出租设备取得不含税收入 100 万元，该设备本年折旧金额为 50 万元，没有发生其他费用。

（4）转让一项专利技术所有权取得收入 200 万元，该专利所有权账面价值为 80 万元。

（5）支出管理费用 700 万元，其中，业务招待费 300 万元，研究新产品符合费用化条件的技术开发费 100 万元。

（6）支出销售费用 400 万元，其中，广告费 100 万元，业务宣传费 80 万元。

（7）支出财务费用 200 万元，其中包括以年利率 10% 向一家非金融企业借款支付利息 100 万元（金融机构同期贷款利率为 5%）。

（8）在成本费用中列支的实发工资总额为 500 万元，并按实际发生数列支了福利费 150 万元（包含自产产品用于职工福利确认的福利费），工会经费 10 万元，职工教育经费 30 万元。

（9）A 公司以前年度未弥补亏损的金额为 60 万元。

根据以上资料，计算 A 公司本年度应交企业所得税金额。

针对业务（1），A 公司应确认主营业务收入 3 000 万元，结转主营业务成本 1 200 万元。

针对业务（2），A 公司将自产产品用于职工福利，应视同销售该批货物，并根据市场售价确认主营业务收入 100 万元，结转主营业务成本 80 万元。

针对业务（3），A 公司应确认其他业务收入 100 万元，结转其他业务成本 50 万元。

针对业务（4），A 公司转让专利技术所有权属于对无形资产的处置，不确认营业收入，应确认资产处置损益 120（200-80）万元。

A 公司本年度营业收入总额为 3 000+100+100=3 200 万元，营业成本总额为 1 200+80+50=1 330 万元。

针对业务（5），业务招待费可扣除限额为 300×60%=180 万元，而营业收入为 3 200×5%=160 万元，所以税前实际可扣除金额为 160 万元，需要纳税调增 140（300-160）万元；而对于技术开发费 100 万元，A 公司属于制造型企业，可以按照实际发生额的 100% 在税前加计扣除，即可以多扣除 100 万元，需要纳税调减 100 万元。

针对业务（6），A 公司可税前扣除的广告费和业务宣传费的限额为 3 200×15%=480 万元，而实际发生额为 100+80=180 万元，在可扣除限额内，无须进行纳税调整。

针对业务（7），A 公司向非金融企业借入借款的本金为 100÷10%=1 000 万元，而可以税前扣除利息费用金额为 1 000×5%=50 万元，需要纳税调增 50（100-50）万元。

针对业务（8），A 公司可税前扣除的福利费、工会经费和职工教育经费限额分别为 70（500×14%）万元、10（500×2%）万元和 40（500×8%）万元，因此福利费需要纳税调增 80（150-70）万元，工会经费和职工教育经费无须进行纳税调整。

A 公司本年度的应纳税所得额 =3 200-1 330-700-400-200+120+140-100+50+80-60=800 万元，A 公司不符合小型微利企业标准，也不属于国家高新技术企业，因此企业所得税税率为 25%。

A 公司本年度应交企业所得税金额 =800×25%=200 万元。

10.6 个人所得税

个人所得税是指国家对本国公民、居住在本国境内的个人所得和境外个人来源于本国的所得征收的一种所得税。工业企业所涉及的个人所得税一般为代扣代缴的"工资、薪金所得"个人所得税。企业在支付员工工资薪金时，作为扣缴义务人，应履行代扣代缴个人所得税的义务。企业代扣个人所得税时，应借记"应付职工薪酬"科目，贷记"应交税费——应交个人所得税"科目；企业缴纳个人所得税时，应借记"应交税费——应交个人所得税"科目，贷记"银行存款"科目。

根据最新规定，居民个人取得工资薪金所得、劳务报酬所得、稿酬所得和特许权使用费所得，在年度终了后，应当进行个人所得税综合所得年度汇算清缴。纳税人需要汇总本年 1 月 1 日至 12 月 31 日取得的工资薪金、劳务报酬、稿酬、特许权使用费四项综合所得的收入额，减除费用 6 万元以及专项扣除、专项附加扣除、依法确定的其他扣除和符合条件的公益慈善事业捐赠后，适用综合所得个人所得税税率并减去速算扣除数，计算最终应纳税额，再减去本年已预缴税额，得出应退或应补税额，向税务机关申报并办理退税或补税。

综合所得个人所得税的公式为

综合所得个人所得税 = 应纳税所得额 × 税率 - 速算扣除数

= （综合收入 -60 000-"三险一金" - 专项附加扣除）×

税率 - 速算扣除数

当月应交个人所得税 = （累计收入 - 累计减除费用 - 累计"三险一金" - 累计专项附加扣除）× 预扣税率 - 速算扣除数 - 累计已缴纳税额当月应交个人所得税

综合所得个人所得税的适用税率如表 10.7 所示。

表 10.7 综合所得个人所得税适用税率

（单位：%）

级数	全年应纳税所得额	税率	速算扣除数
1	不超过 36 000 元的	3	0
2	超过 36 000 ～ 144 000 元的部分	10	2 520
3	超过 144 000 ～ 300 000 元的部分	20	16 920
4	超过 300 000 ～ 420 000 元的部分	25	31 920
5	超过 420 000 ～ 660 000 元的部分	30	52 920
6	超过 660 000 ～ 960 000 元的部分	35	85 920
7	超过 960 000 元的部分	45	181 920

个人所得税的全年应纳税所得额，是指全年的综合所得减除费用 6 万元以及专项扣除、专项附加扣除、依法确定的其他扣除和符合条件的公益慈善事业捐赠后的余额。

专项扣除是指企业从个人工资薪金扣除的社会保险费和住房公积金金额。

专项附加扣除包括子女教育、继续教育、大病医疗、住房贷款利息、住房租金、赡养老人和婴幼儿照护等七项，其具体扣除标准如表 10.8 所示。

表 10.8 专项附加扣除项目和扣除标准

专项附加扣除项目	扣除标准
子女教育	纳税人的子女接受全日制学历教育的相关支出，按照每个子女每月 1 000 元的标准定额扣除。学历教育包括义务教育（小学、初中教育）、高中阶段教育（普通高中、中等职业、技工教育）、高等教育（大学专科、大学本科、硕士研究生、博士研究生教育）。年满 3 岁至小学入学前处于学前教育阶段的子女，也符合本条标准 父母可以选择由其中一方按扣除标准的 100% 扣除，也可以选择由双方分别按扣除标准的 50% 扣除
继续教育	纳税人在中国境内接受学历（学位）继续教育的支出，在学历（学位）教育期间按照每月 400 元定额扣除。同一学历（学位）继续教育的扣除期限不能超过 48 个月。纳税人接受技能人员职业资格继续教育、专业技术人员职业资格继续教育的支出，在取得相关证书的当年，按照 3 600 元定额扣除
大病医疗	在一个纳税年度内，纳税人发生的与基本医保相关的医药费用支出，扣除医保报销后个人负担（指医保目录范围内的自付部分）累计超过 15 000 元的部分，由纳税人在办理年度汇算清缴时，在 80 000 元限额内据实扣除

（续表）

专项附加扣除项目	扣除标准
住房贷款利息	纳税人本人或者配偶单独或者共同使用商业银行或者住房公积金个人住房贷款为本人或者其配偶购买中国境内住房，发生的首套住房贷款利息支出，在实际发生贷款利息的年度，按照每月 1 000 元的标准定额扣除，扣除期限最长不超过 240 个月。纳税人只能享受一次首套住房贷款的利息扣除
住房租金	纳税人在主要工作城市没有自有住房而发生的住房租金支出，可以按照以下标准定额扣除。 （1）直辖市、省会（首府）城市、计划单列市以及国务院确定的其他城市，扣除标准为每月 1 500 元 （2）除第（1）项所列城市外，市辖区户籍人口超过 100 万人的城市，扣除标准为每月 1 100 元；市辖区户籍人口不超过 100 万人的城市，扣除标准为每月 800 元 纳税人的配偶在纳税人的主要工作城市有自有住房的，视同纳税人在主要工作城市有自有住房，不得享受住房租金专项附加扣除优惠
赡养老人	纳税人赡养一位及以上被赡养人的赡养支出，统一按照以下标准定额扣除。 （1）纳税人为独生子女的，按照每月 2 000 元的标准定额扣除 （2）纳税人为非独生子女的，由其与兄弟姐妹分摊每月 2 000 元的扣除额度，每人分摊的额度不能超过每月 1 000 元。可以由赡养人均摊或者约定分摊，也可以由被赡养人指定分摊。约定或者指定分摊的须签订书面分摊协议，指定分摊优先于约定分摊 被赡养人是指年满 60 岁的父母，以及子女均已去世的年满 60 岁的祖父母、外祖父母
婴幼儿照护	纳税人照护 3 岁以下婴幼儿子女的相关支出，按照每个婴幼儿每月 1 000 元的标准定额扣除 父母可以选择由其中一方按扣除标准的 100% 扣除，也可以选择由双方分别按扣除标准的 50% 扣除

🔍 【案例分析】 >>>>

A 公司为一家制造型企业，现有甲员工于 1 月入职公司管理部门，甲员工税前工资为每月 12 000 元，甲员工社保费用和住房公积金个人承担部分为每月 2 000 元。假设甲员工没有专项附加扣除项目。

A 公司每月代扣代缴甲员工个人所得税金额如下。

1 月个人所得税 =（12 000-5 000-2 000）×3%=150（元）

2 月个人所得税 =（12 000-5 000-2 000）×2×3%-150=150（元）

3 月个人所得税 =（12 000-5 000-2 000）×3×3%-150×2=150（元）

4 月个人所得税 =（12 000-5 000-2 000）×4×3%-150×3=150（元）

5 月个人所得税 =（12 000-5 000-2 000）×5×3%-150×4=150（元）

6 月个人所得税 =（12 000-5 000-2 000）×6×3%-150×5=150（元）

7 月个人所得税 =（12 000-5 000-2 000）×7×3%-150×6=150（元）

需要注意的是，8 月本年应纳税所得额 =（12 000-5 000-2 000）×8=40 000（元），纳税级数变为第 2 等级，税率为 10%。

8 月个人所得税 =（12 000-5 000-2 000）×8×10%-2 520-150×7=430（元）

9 月个人所得税 =（12 000-5 000-2 000）×9×10%-2 520-150×7-430=500（元）

10 月个人所得税 =（12 000-5 000-2 000）×10×10%-2 520-150×7-430-500=500（元）

11 月个人所得税 =（12 000-5 000-2 000）×11×10%-2 520-150×7-430-500×2=500（元）

12 月个人所得税 =（12 000-5 000-2 000）×12×10%-2 520-150×7-430-500×3=500（元）

以 1 月为例，A 公司会计处理如下。

计提工资时：

借：管理费用   12 000

　　贷：应付职工薪酬   12 000

发放工资时：

借：应付职工薪酬   12 000

　　贷：应交税费——应交个人所得税   150

　　其他应收款   2 000

　　银行存款   9 850

缴纳个人所得税时：

借：应交税费——应交个人所得税   150

　　贷：银行存款   150

其他月份会计处理与 1 月相同。

沿用本案例，假设甲员工自 1 月起就享受"赡养老人"专项附加扣除税收优惠，每月金额为 1 000 元，年度终了时甲员工自行进行个人所得税汇算清缴申报工作。

甲员工应交个人所得税＝（12 000-5 000-2 000-1 000）×12×10%-2 520=2 280（元）

甲员工已预缴个人所得税＝150×7+430+500×4=3 480（元）

甲员工可申请退回个人所得税=3 480-2 280=1 200（元）

甲员工在办理个人所得税汇算清缴时，可向税务局申请退回多缴纳的税款1 200元。

10.7 房产税

房产税是指以房屋为征税对象，按房屋的计税余值或租赁收入为计税依据，向产权所有人征收的一种财产税。房产税是仅次于增值税及企业所得税的第三大税种，在税收系统中占据着重要地位。

1. 房产税的纳税义务人和征税对象

房产税的纳税义务人主要包括以下类型。

（1）产权属国家所有的，由经营管理单位纳税。

（2）产权属集体和个人所有的，由集体单位和个人纳税。

（3）产权出典的，由承典人纳税。

（4）产权所有人、承典人不在房屋所在地的，产权未确定及租典纠纷未解决的，由房产代管人或者使用人纳税。

（5）纳税单位和个人无租使用房产管理部门、免税单位及纳税单位的房产，由使用人代为缴纳房产税。

房产税以房屋为征税对象。房屋是指有屋面和围护结构（有墙或两边有柱），能够遮风避雨，可供人们在其中生产、工作、学习、娱乐、居住或储藏物资的场所。独立于房屋之外的建筑物，如围墙、烟囱、水塔、变电塔、油池油柜、酒窖菜窖、酒精池、糖蜜池、室外游泳池、玻璃暖房、砖瓦石灰窑以及各种油气罐等，不属于房产。

2. 房产税的计税依据

《中华人民共和国房产税暂行条例》规定，房产税依照房产原值一次减除10%～30%后的余值计算缴纳。具体减除幅度，由省、自治区、直辖市人民政府规定。没有房产原值作为依据的，由房产所在地税务机关参考同类房产核定。房产出租的，以房产租金收入为房产税的计税依据。

由此可见，房产税的计税依据分为以房产原值作为计税依据和以房产租金收入为计税依据两种确认方法。

（1）以房产原值作为计税依据。房产原值，是指企业按照会计制度的规定，在账簿"固定资产"科目中记载的房屋原价。对纳税人未按会计制度规定记载的，在计征房产税时，应按规定调整房产原值，对房产原值明显不合理的，应重新予以评估。凡是在企业"固定资产"账簿中记载有房屋原价的，均以房屋原价扣除一定比例后作为房产的计税余值。

企业对房屋进行改建、扩建的，要相应增加房产的原值。为了维持和增加房屋的使用功能或使房屋满足设计要求，凡以房屋为载体，不可随意移动的附属设备和配套设施，如给排水、采暖、消防、中央空调、电气及智能化楼宇设备等，无论在会计核算中是否单独记账与核算，都应计入房产原值，计征房产税。对于更换房屋附属设备和配套设施的，在将其价值计入房产原值时，可扣减原来相应设备和设施的价值；对附属设备和配套设施中易损坏、需要经常更换的零配件，更新后不再计入房产原值。

对按照房产原值计税的房产，无论会计上如何核算，房产原值均应包含地价，包括为取得土地使用权支付的价款、开发土地发生的成本费用等。宗地容积率低于 0.5 的，按房屋建筑面积的 2 倍计算土地面积并据此确定计入房产原值的地价。宗地容积率 = 建筑面积 ÷ 土地面积。例如，一块土地的面积是 10 000 平方米，在土地上建造了 3 000 平方米的房屋，那么宗地容积率 = 3 000÷10 000=0.3；针对宗地容积率是 0.3 的房屋，需要按照房屋建筑面积的 2 倍即 6 000 平方米计算并入房产原值的地价。假如地价是 1 000 万元，那么地价需要计入房产原值的是 0.3×2×1 000=600 万元。如果在该土地上建造了 6 000 平方米的房屋，则宗地容积率 =6 000÷10 000=0.6，超过了 0.5，那么就应该将地价总额 1 000 万元并入房产原值来计算缴纳房产税。

对于与地上房屋相连的地下建筑，如房屋的地下室、地下停车场、商场的地下部分等，应将地下建筑与地上房屋视为一个整体，按照地上房屋建筑的有关规定计算征收房产税。

（2）以房产租金收入作为计税依据。房产租金收入是指企业出租房产所得到的报酬，包括货币收入和实物收入。对于以劳务或其他形式作为报酬抵付房产租金收入的，应当根据当地同类房产的租金水平，确定一个标准租金，以此为依据计征房产税。无租使用其他单位房产的应税单位和个人，应依照房产余值代缴纳房产税。

房产出租的，计征房产税的租金收入为不含增值税的收入额。免征增值税的，确定计税依据时，租金收入不扣减增值税额。

3. 房产税纳税义务发生时间

房产税纳税义务发生时间主要包括以下情形。

（1）将原有房产用于生产经营，房产税的纳税义务发生时间是自生产经营之月起。

（2）自建房屋用于生产经营，房产税的纳税义务发生时间是自建成之日的次月起。

（3）委托施工企业建设的房屋，房产税的纳税义务发生时间是自办理验收手续之次月起；购置新建商品房，房产税的纳税义务发生时间是自房屋交付使用之次月起。

（4）购置存量房，房产税的纳税义务发生时间是自办理房屋权属转移变更、登记手续，登记机关签发房屋权属证书之次月起。

（5）出租、出借房产，房产税的纳税义务发生时间是自交付出租、出借房产之次月起。

（6）房地产开发企业自用、出租、出借本企业建造商品房，房产税的纳税义务发生时间是自房屋使用或交付之次月起。

4. 房产税的计算方法

房产税按照其计税依据的不同分为两种计算方法。

从价计征：全年应纳税额 ＝ 应税房产原值 ×（1－扣除比例）× 1.2%

从租计征：应纳税额 = 不含增值税租金收入 ×12%

🔍【案例分析】 >>>>

A 公司为一家制造型企业，该公司拥有一块土地，面积为 10 000 平方米，土地的取得成本为 2 000 万元。A 公司在该土地上建造厂房和办公楼，总建筑面积为 20 000 平方米，厂房原值为 3 000 万元，办公楼原值为 1 000 万元。假设上述土地和地上建筑在以前年度取得，即在本年年初已存在，A 公司所在地计算房产税时房产原值允许扣除的比例为 30%。

A 公司的宗地容积率 =20 000÷10 000=2，大于 0.5，因此土地价值 2 000 万元应全额计入房产原值缴纳房产税。

A 公司应缴纳房产税额 =（2 000+3 000+1 000）×（1-30%）×1.2%=50.4（万元）

A 公司的会计处理如下。

计提房产税时：

借：税金及附加　　　　　　　　　　　　　　504 000

　　贷：应交税费——应交房产税　　　　　　　　　504 000

缴纳房产税时：

借：应交税费——应交房产税　　　　　　　504 000

　　贷：银行存款　　　　　　　　　　　　　　　504 000

沿用本案例，假设 A 公司自 7 月 1 日起把厂房和办公楼出租给客户，租期为半年，租金为不含税金额 100 万元。

此时 A 公司的房产税有两种计税依据：厂房和办公楼上半年应从价计征房产税，下半年应从租计征房产税。

从价计征的房产税 =2 000×（1-30%）×1.2%+（3 000+1 000）×（1-30%）×1.2%×6÷12=33.6（万元）

从租计征的房产税 =100×12%=12（万元）

A 公司应缴纳房产税额 =33.6+12=45.6（万元）

10.8 城镇土地使用税

城镇土地使用税,是指国家在城市、县城、建制镇、工矿区范围内,对使用土地的单位和个人,以其实际占用的土地面积为计税依据,按照规定的税额计算征收的一种税。

1. 城镇土地使用税的纳税义务人和征税对象

城镇土地使用税的纳税义务人为在城市、县城、建制镇、工矿区范围内使用土地的单位和个人,通常包括以下类型。

(1)拥有土地使用权的单位和个人。

(2)拥有土地使用权的单位和个人不在土地所在地的,其土地的实际使用人和代管人为纳税人。

(3)土地使用权未确定或权属纠纷未解决的,其实际使用人为纳税人。

(4)土地使用权共有的,共有各方都是纳税人,由各方按其实际使用的土地面积占总面积的比例,分别计算缴纳土地使用税。

(5)在城镇土地使用税征税范围内,承租集体所有建设用地的,由直接从集体经济组织承租土地的单位和个人缴纳城镇土地使用税。

城镇土地使用税的征税对象为在城市、县城、建制镇和工矿区范围内的国家所有和集体所有的土地。其中,城市是指经国务院批准设立的市;县城是指县人民政府所在地;建制镇是指经省、自治区、直辖市人民政府批准设立的建制镇;工矿区是指工商业比较发达,人口比较集中,符合国务院规定的建制镇标准,但尚未设立建制镇的大中型工矿企业所在地。建立在城市、县城、建制镇和工矿区以外的土地不需要缴纳土地使用税。

2. 城镇土地使用税的计税依据

城镇土地使用税以纳税人实际占用的土地面积为计税依据,纳税人实际占用的土地面积按下列办法确定。

(1)由省、自治区、直辖市人民政府确定的单位组织测定土地面积的,以测定的面积为准。

（2）尚未组织测定，但纳税人持有政府部门核发的土地使用证书的，以证书确认的土地面积为准。

（3）尚未核发土地使用证书的，应由纳税人申报土地面积，并据以纳税，待核发土地使用证书以后再作调整。

3. 城镇土地使用税纳税义务发生时间

城镇土地使用税纳税义务发生时间主要包括以下情形。

（1）纳税人购置新建商品房，自房屋交付使用之次月起，缴纳城镇土地使用税。

（2）纳税人购置存量房，自办理房屋权属转移、变更登记手续，房地产权属登记机关签发房屋权属证书之次月起，缴纳城镇土地使用税。

（3）纳税人出租、出借房产，自交付出租、出借房产之次月起，缴纳城镇土地使用税。

（4）以出让或转让方式有偿取得土地使用权的，应由受让方自合同约定交付土地时间之次月起缴纳城镇土地使用税；合同未约定交付土地时间的，由受让方自合同签订之次月起缴纳城镇土地使用税。

（5）纳税人新征用的耕地，自批准征用之日起满一年时开始缴纳城镇土地使用税。

（6）纳税人新征用的非耕地，自批准征用次月起缴纳城镇土地使用税。

（7）自 2009 年 1 月 1 日起，纳税人因土地的权利发生变化而依法终止城镇土地使用税纳税义务的，其应纳税款的计算应截止土地权利发生变化的当月末。

4. 城镇土地使用税的计算方法

城镇土地使用税的应纳税额可以通过纳税人实际占用的土地面积乘以该土地所在地段的适用税额求得。其计算公式为

全年应纳税额 = 实际占用应税土地面积（平方米）× 适用税额

城镇土地使用税采用定额税率，即采用有幅度的差别税额，按大、中、小城市和县城、建制镇、工矿区分别规定每平方米城镇土地使用税年应纳税额。具体标准如下。

（1）大城市 1.5 ～ 30 元。

（2）中等城市 1.2 ～ 24 元。

（3）小城市 0.9 ～ 18 元。

（4）县城、建制镇、工矿区 0.6 ～ 12 元。

【案例分析】 ————————————————————————————— >>>>

A 公司为一家制造型企业，该公司拥有一块土地，面积为 10 000 平方米，土地全部用于生产经营，公司所在地城镇土地使用税单位税额为每平方米 2 元。假设该土地在以前年度取得，即在本年年初已存在。

A 公司应缴纳城镇土地使用税额 =10 000×2=20 000（元）

A 公司的会计处理如下。

计提城镇土地使用税时：

借：税金及附加 504 000

　　贷：应交税费——应交城镇土地使用税 504 000

缴纳城镇土地使用税时：

借：应交税费——应交城镇土地使用税 504 000

　　贷：银行存款 504 000

第 11 章
工业企业税务风险

工业企业在生产经营过程中，由于各种人为或非人为的原因，会面临各种各样的风险。作为企业的财务人员，除了要留意企业的各类经营风险外，还应该重点关注企业面临的税务风险。

税务风险存在于企业生产经营的每一个环节，企业应正确认识各类税务风险，加强税务管理，及时关注税务政策变化，规范企业的生产经营行为，从源头上杜绝税务风险，以避免因税务问题导致的经营风险和法律风险。同时，企业应培养财务人员识别和应对税务风险的能力，制定相关防控策略，保证企业健康运营。

本章将介绍工业企业在生产经营各个环节所面临的税务风险，以及应对相关风险的防控策略，主要涉及的知识点有：

- 税务风险概念和类型
- 融资环节税务风险和防控策略
- 采购环节税务风险和防控策略
- 生产环节税务风险和防控策略
- 销售环节税务风险和防控策略
- 其他环节税务风险和防控策略

11.1 税务风险概念和类型

税务风险，是指企业在经营过程中面临的各种涉及税务方面的风险。税务风险主要包括两方面，一方面是企业的纳税行为不符合税收法律法规的规定，应纳税而未纳税、少纳税，从而面临补税、罚款、加收滞纳金、刑罚处罚以及声誉损害等风险；另一方面是企业经营行为适用税法不准确，没有充分利用税收优惠政策，导致多缴纳了税款，使企业承担了不必要的税收负担。

对于工业企业而言，其在生产经营中主要面临的税务风险包括融资环节的税务风险、采购环节的税务风险、生产环节的税务风险、销售环节的税务风险和其他环节的税务风险。

11.2 融资环节税务风险和防控策略

工业企业筹资方式一般包括股权融资和债权融资。股权融资主要有发行股票和私募发售两种方式；债权融资主要有发行债券、银行信用和民间借贷三种方式。

工业企业在融资环节存在以下税务风险。

1. 收到投资款时，企业未按要求缴纳"营业账簿"印花税

根据规定，企业在成立建账时，记载资金的账簿要以"实收资本"和"资本公积"的合计金额为依据计算缴纳印花税。以后实收资本、资本公积没有发生变动的，不用再交印花税；只有当实收资本和资本公积增加时才再计算缴纳印花税。很多企业在成立之初已经就营业账簿缴纳了印花税，以后新增投资额时却忽略了就新增部分计算缴纳税款，由此产生税收违法事实及滞纳金。

情景再现：A公司是一家新成立企业，于成立之初收到股东投资款100万元，企业把相关投资款入账到"实收资本"科目中，财务人员在报税时却没有

根据新增的实收资本金额申报缴纳印花税。税务部门系统显示企业实收资本金额有变动，印花税却没有申报，出现税务异常，勒令企业在规定期限内缴纳印花税及滞纳金。

防控策略：财务人员应密切关注"实收资本"和"资本公积"明细科目的变动情况，并及时根据相关变动金额申报印花税。

2. 企业向金融企业借款时，未取得相关费用报销凭证

根据规定，企业发生的企业所得税税前扣除项目若未取得合法有效凭据，不得在税前扣除。对于向金融企业借款而产生的费用，包括利息费用和手续费，其合法有效凭据就是增值税发票。而在实务工作中，大多数企业往往仅凭银行回单就确认相关费用，没有向银行等金融企业索取发票，该行为存在很大的税务风险。

情景再现：A 公司向银行借款，约定每月从银行账户中自动划扣利息费用。企业财务人员认为银行属于正规的国有企业，其业务必然是真实有效的，因此直接根据银行回单进行账务处理，没有要求银行提供增值税发票，并在汇算清缴时税前抵扣了该利息费用。税务部门抽查企业账务时，发现企业利息费用没有发票等抵扣凭证，遂要求企业在规定期限内提供利息费用发票。

防控策略：企业应定期向银行等金融机构索取利息费用发票，确保在汇算清缴前取得当年度所有入账发票。

3. 向非金融企业借款时实际利率超过金融企业同类同期贷款利率，企业在办理汇算清缴时，没有对相关利息费用进行纳税调整

根据规定，企业向非金融企业借款的利息支出，不超过金融企业同类同期贷款利率计算的数额的部分可以据实扣除，超过部分不允许扣除。由于信用等原因，一些企业在银行能借取的款项有限，这时候企业会向民间借贷机构或者其他个人借款，贷款利率也往往比银行利率要高得多。税法规定超过金融企业同类同期贷款利率计算的数额的部分不允许税前扣除，而很多企业往往凭着利息费用发票直接入账，没有考虑纳税调整，由此构成了税务风险。

情景再现：A 公司因生产需求向其他企业借入资金，约定年利率为 20%，而银行同期贷款利率为 5%。A 公司取得借款企业开具的利息费用发票，并据发

票金额入账，在办理年度汇算清缴时没有对借款利息超出按照金融企业同类同期贷款利率计算的数额的部分进行纳税调整。

防控策略：企业应尽量减少向非金融企业借款，如确实需要从非金融企业处借入款项，应注意在年度汇算清缴时做相关的纳税调整。

4. 向关联方借款时，关联债资比例超过标准比例，企业在办理汇算清缴时，没有对相关利息费用进行纳税调整

根据规定，企业接受关联方债权性投资利息支出，在计算应纳税所得额时，企业实际支付给关联方的利息支出，不超过规定比例和税法及其实施条例有关规定计算的部分，准予扣除；超过的部分不得在发生当期和以后年度扣除。其中，金融企业接受关联方债权性投资与其权益性投资比例为 5 : 1，其他企业为 2 : 1。这里的关联债资比为 2 : 1，表示以接受的投资额的 2 倍为限额，被投资企业向投资方借款金额不超过投资额 2 倍的，借款利息可以税前扣除，超过投资额 2 倍的借款所对应的利息不得扣除。比如关联公司对 A 公司的权益性投资为 100 万元，A 公司向关联公司借款 500 万元，利息可税前扣除的借款只能按 2 : 1 的比例确认，即只能对 200 万元借款产生的利息进行扣除，剩下 300 万元借款产生的利息不得扣除，即使企业取得了全额的利息发票，也要进行纳税调整。

防控策略：企业应密切关注本公司关联债资比变动情况，当该比例大于 2 : 1 时，应尽量减少从关联方处借款，并在年度汇算清缴时做相关的纳税调整。

11.3　采购环节税务风险和防控策略

采购环节是工业企业极其重要的一个环节，也是税务风险高发区域。工业企业采购环节的税务风险点主要集中在增值税进项税额和企业所得税相关税种上，而且涉及的金额往往比较大，需要引起重视。

工业企业在采购环节存在以下税务风险。

1. 应取得而未取得抵扣凭证的风险

有些企业的股东为了获得价格上的优惠，和供应商约定不需要对方提供增值税发票，导致企业成本费用和增值税进项税额无法取得有效的抵扣凭证，面临要多缴纳税款的风险。

情景再现：A 公司向供应商采购一批原材料，价款为 200 万元，供应商和 A 公司老板约定，如果 A 公司不要增值税发票的话，可以给予 5 万元的优惠，相关款项通过私人账户支付，A 公司老板同意了供应商提出的要求，并要求公司财务人员处理一下。由于涉及的金额比较大，财务人员最终还是没有处理好，导致账务与实物不符，面临被税务部门处罚的风险。

防控策略：企业应遵循真实性的原则，在业务开始前应和供应商做好沟通，确保发生的每一笔业务都有相应的票据凭证。

2. 不应取得而取得抵扣凭证的风险

有些企业为了少缴税，会通过某些特殊渠道去获得一些采购发票，这在财务领域叫做"买票"。企业支付一定金额的"税点"，从非法供应商处获取相应的增值税发票，从而达到少缴税的目的。这种行为所带来的税务风险主要有两点：第一，购买的发票内容大多与企业的真实业务有偏差，不符合会计真实性的要求，不能通过税务系统的核查；第二，供应商提供发票属于虚开增值税发票行为，往往被金税系统列为经营异常企业，容易导致本企业被调查，从而带来不必要的行政罚款及其他经济损失。

情景再现：A 公司经营状况良好，利润率较高，公司为了降低利润从而少缴所得税，找了一家专门提供发票的公司，支付了小部分金额后获得了大额的发票。后来税务部门通过大数据核查，发现提供发票的公司存在大量发票异常的情况，并通过调查发现该公司存在虚开增值税发票的违法行为，最终处罚了该公司以及接受该公司发票的有关单位。

防控策略：企业应杜绝"买票"行为，财务人员应注意核查相关发票的真实性。

3. 进项税额应转出而未转出的风险

根据规定，当纳税人购进的货物或接受的应税劳务不是用于增值税应税项目，而是用于非应税项目、免税项目或集体福利、个人消费等情况时，其支付的进项税就不能从销项税额中抵扣。在实务工作中，经常存在纳税人当期购进的货物或应税劳务事先并未确定将用于生产或非生产经营，但其进项税额已在当期销项税额中进行了抵扣。当已抵扣进项税额的购进货物或应税劳务改变用途，用于非应税项目、免税项目、集体福利或个人消费等，购进货物发生非正常损失。在产品和产成品发生非正常损失时，应将购进货物或应税劳务的进项税额从当期发生的进项税额中扣除，在会计处理中记入"进项税额转出"。

情景再现：A公司购买一批家具，用于公司职工食堂，并取得了增值税专用发票，公司财务人员在增值税发票平台上认证了该发票，抵扣了进项发票。后来税务人员通过核查发现，该批家具是用于职工食堂，属于集体福利，不属于增值税应税项目，该发票进项税额应当转出。

防控策略：企业各部门成本和费用应独立核算，合理归集其成本和费用，密切关注成本和费用的后续使用情况。对于不能抵扣的进项税额计入相应的成本，已抵扣部分应及时做进项税额转出。

4. 延迟取得抵扣凭证的风险

中国增值税采用购进扣税法，企业取得增值税专用发票的当月即可抵扣。如果企业延迟取得进项税发票，则会增加当期应纳税额。虽然延迟取得进项税发票并不一定会增加企业长期的税负，但是延迟取得进项税发票将企业的纳税时间提前，占用了企业的流动资金。从企业资金的管理情况来看，越早取得进项税发票对企业越有利。

防控策略：企业应及时从供应商处获取发票，对于一些重要的成本或费用发票，企业可采取"先收票后付款"的方式，防止供应商延迟提供发票。

5. 增值税税负率过低的风险

增值税税负率 = 应交增值税额 ÷ 营业收入，每个行业有着不同的税负率，工业企业的增值税税负率为 3% ～ 10%。如果企业的增值税税负率过低，可能存在少交增值税的嫌疑，会引起税务局的注意。当然，企业不必为了使税负率合理而强行把应交增值税额控制在某个范围内，应当根据企业的真实经营情况计算缴纳税款。

情景再现：A 公司本月取得大量增值税专用发票，并进行了认证抵扣，导致本月进项税额大于销项税额，无须缴纳增值税。税务部门发现 A 公司纳税情况异常，通过核查发现，A 公司部分发票内容不真实，存在偷税漏税的情形。

防控策略：企业应根据当期收入和销项税额的情况，合理安排进项税额的认证抵扣工作，在保证企业纳税情况合理稳定的同时确保企业现金流的稳健性。

11.4　生产环节税务风险和防控策略

生产环节是工业企业区别于其他企业最显著之处，也是工业企业会计核算中最复杂的环节，对工业企业的经营至关重要。

工业企业在生产环节存在以下税务风险。

1. 利用虚开发票或虚列人工费等虚增成本的风险

企业为了少交企业所得税，往往会通过虚增成本的方式减少当期利润和应纳税所得额。虚开发票容易导致企业被税务局核查，面临缴纳行政罚款和税收滞纳金的风险；而虚列人工费用会导致企业职工薪酬明细账与个人所得税申报记录不一致，存在虚假申报税款的风险。

情景再现：A 公司经营利润较高，为了少缴企业所得税，公司于年末计提了数额较大的员工工资，从而达到虚列成本、降低利润的目的。税务部门核查发现，A 公司计提的员工工资与实际申报个人所得税的员工工资不一致，认定 A 公司虚列成本，存在少缴企业所得税的行为，并要求 A 公司补缴税款及滞纳金。

防控策略：企业应加强财务审核工作，财务部门应与业务部门密切联动，杜绝虚假发票；人力资源部门应完善工资制度和人事制度，建立相应的工资明细台账，并与财务部门核对，防止数据造假。

2. 将非生产经营费用列入生产成本的风险

由于对业务的理解有误或者其他人为的原因，企业会把一些非生产经营的费用归入生产成本，从而改变了企业的成本结构，影响了企业毛利率等指标，也影响了企业当期利润和企业所得税,存在一定的税务风险。

防控策略:企业财务人员应加强对财务知识和业务知识的学习,合理归集各部门的成本和费用,准确区分成本和费用的差异,尽量避免主观认知上的错误。

3. 存货收发存核算不准确的风险

存货核算是工业企业会计核算系统的重点和难点,存货收发存核算直接影响企业当期成本和利润的准确性,因此也是财务舞弊的高发区域。存货收发存不准确主要包括原材料入库环节暂估错误,生产领用、产品完工入库环节错误和产品销售出库环节计价错误。各个环节环环相扣,均会对企业的成本和利润产生重大影响。

情景再现:A公司没有建立存货进销存系统,每月仅凭仓管员手工填写的出入库单,登记存货进销存汇总表,财务人员则根据进销存汇总表的数据核算生产成本。税务部门通过阅览A公司每季度上传到税务系统的财务报表发现,成本的变动较大,存在异常。A公司解释这是多年累积下来的问题,公司没有进行存货盘点,存货的真实收发数据也是估计的,因此生产成本的核算也不太准确。税务部门要求A公司进行整改,聘请专业人员进行财务核算,并就整改情况提交书面报告。

防控策略:企业应组织相关部门人员定期进行存货盘点,并对每一笔出入库单据进行核对,如发现差异应及时分析原因并调整,确保存货在数量上的准确性。财务部门应做好财务核算工作,检查每一笔业务的数量和金额是否有误,尽量通过进销存系统计算成本,减少人工计算,确保存货在金额上的准确性。

4. 成本分配不正确的风险

成本分配主要指共同耗用的成本在不同产品之间、完工成品和在制品之间的分配。成本分配不正确会影响企业的成本和利润,除了会对管理者的经营决策产生误导外,还会对企业所得税产生影响,从而形成税务风险。

防控策略:财务部门人员应加强对企业业务知识的学习,了解每一种产品的成本结构,合理分配每种产品的成本,避免出现成本分配不当的情况。

5. 毛利率异常的风险

毛利率＝（营业收入－营业成本）÷营业收入。和税负率一样，每个行业的毛利率不同，对于同一个企业，每月的毛利率一般不会出现太大的差异。如果企业的毛利率过低，可能存在虚列成本从而少缴企业所得税的嫌疑，导致被税务部门核查。

情景再现：A 公司属于高端制造行业，毛利率较高，公司为了少缴企业所得税，从第三方购入了一些采购发票，从而增加了成本较少了利润。税务人员发现 A 公司的毛利率远低于同行业其他公司的毛利率，通过调查认定 A 公司存在偷税漏税的行为，并对 A 公司进行了处罚。

防控策略：企业应注意毛利率的变动情况，如发现异常状况，应核查收入和成本的准确性，确保每月的毛利率在一个合理的范围内，避免出现过大的波动。

11.5　销售环节税务风险和防控策略

销售环节是企业盈利的根本，关系着企业的收入和利润，可以说是企业经营最核心的环节，同时是企业最容易发生税收风险的环节。不同的企业有着不同的销售模式，其中涉及的税务风险也是有差异的。

工业企业在销售环节存在以下税务风险。

1. 隐匿实现的收入的风险

企业为了少缴增值税和企业所得税，要求客户把货款转到个人账户（会计上称为"走私账"），不通过公司账户，企业也不开具发票，从而达到隐匿收入的目的。这种做法往往弄巧成拙，因为一旦采用这种方式，企业的进销存数据也需要作出相关改动，导致与实际库存有差异，从而影响后续的账务处理，也因为少缴税而产生税务风险。

情景再现：A 公司规模较小，公司经营者为了少缴税款，隐藏了部分收入，导致收入小于成本，公司长期处于亏损状态。税务部门认为 A 公司"长亏不倒"不符合实际情况，遂对 A 公司发起调查，通过调查发现 A 公司经营者及其近亲属的银行账户存在大量收款的行为，而 A 公司无法给出合理的解释。税务部门认定 A 公司存在偷税漏税的行为，并对 A 公司进行了处罚。

2. 虚构收入的风险

有些企业为了达到粉饰财务报表的目的，给外界营造一种欣欣向荣的假象，会通过虚构销售交易和银行回单等方式，虚增企业当期营业收入。虚构收入和隐匿收入一样，也需要改动一系列相关数据，从而使该交易链条形成闭环，这样做的结果同样会影响企业的账务处理，因为多缴税而产生税务风险。

情景再现：A 公司属于上市公司，近些年由于经营不善，导致股价颓靡。A 公司经营者为了提振股价，为自身减持股份提供有利条件，于是便在当年虚构了大量收入，为外界提供了一份漂亮的财务报表。后来会计师事务所通过审计发现，A 公司的很多收入是通过关联方进行的，且相关的银行流水与销售业务不匹配，认定 A 公司存在财务造假的行为，并出具了否定意见的审计报告。

上述两项风险内容的防控策略一致：企业管理层人员应高度重视涉税风险的管理，遵守税法等相关法律，并严格按照《中华人民共和国会计法》和税法要求，如实反映企业的生产经营情况。

3. 收入确认时点错误的风险

收入确认时点关系着企业相关利润和税款的所属期间，收入确认时点错误会导致企业纳税时间的错误，从而形成税务错报的风险。

情景再现：A 公司月末销售一批产品给客户，由于运输原因，客户于次月上旬才收到货物，A 公司财务人员根据销售出库单在本月确认了销售收入。会计师事务所审计 A 公司账务后认为，客户于本月并未取得货物的控制权，A 公司不应当在本月确认销售收入，于是要求 A 公司对账务进行调整。

防控策略：根据《企业会计准则》规定，企业符合下列三个条件之一的，即属于在某一时间段内履行的履约义务，相关收入应当在该履约义务履行的期间内确认。

（1）客户在企业履约的同时取得并消耗企业履约所带来的经济利益。

（2）客户能够控制企业履约过程中的在建商品。

（3）企业履约过程中所产出的商品有着不可替代的用途，且该企业在整个合同期间有权就累计至今已完成的履约部分收取款项。

对于某一时点履行的履约义务，企业应当在客户取得相关商品的控制权时点确认收入。而判断客户是否取得商品控制权，主要有以下迹象可以考虑。

（1）企业享有该商品的现时收款权利，即客户有该商品的现时付款义务。

（2）企业已将该商品的法定所有权转移给了客户。

（3）企业已将该商品实物转移给客户，即客户已实物占有该商品。

（4）企业已将该商品所有权上的主要风险和报酬转移给了客户。

（5）客户已接受该商品。

4. 收入金额计量不准确的风险

收入金额计量不准确会导致企业当期利润和各种税款有误，形成税务错报的风险。

防控策略：财务部门人员应仔细核对收入明细账和收入相关凭证，包括结算单、发票、银行回单和发货单等，确保账实一致。

5. 视同销售未作纳税调整的风险

企业将自产、委托加工的产品用于发放职工福利和个人消费，未视同销售计算缴纳税款，存在少缴增值税、附加税和企业所得税的风险。

防控策略：企业财务部门人员应熟练掌握税法规定的视同销售行为，关注库存商品流向，在发生视同销售行为时，应严格按《中华人民共和国会计法》和税法的规定做财务处理并计算缴纳各项税款。

6. 价外费用未计提销项税额的风险

价外费用包括手续费、补贴、奖励费、违约金、延期付款利息、赔偿金、包装费、包装物租金、储备费、运输装卸费以及其他各种性质的价外收费。企业未将随同产品销售收取的价外费用计入销售收入，存在少缴增值税的风险。

防控策略：企业应当正确理解价外费用的概念，掌握常用的价外费用名目，梳理企业涉及的价外收费，并按销售货物、服务和不动产适用税率计算增值税销项税额。

7. 延迟开票，申报销售收入滞后的风险

企业为了当期少缴纳税款，往往采取延迟开具发票和延迟申报收入的方式，从而达到税款延后的目的。这种做法是错误的，从前面的例子可以看出，收入的确认与开票无关，企业不应该仅仅凭开票来确认收入和申报税款。即使企业当期没有开具发票，也应该根据相关收入的凭据确认收入并申报税款（税务系统上叫做"无票收入"），否则存在延迟报税的风险。

情景再现：A 公司过去一直根据开具发票的时间确认收入，于是为了把缴纳税款的时间延后，A 公司通常把开具发票的时间往后推迟。会计师事务所通过审计发现，A 公司的销售业务已满足收入确认的所有条件，不能仅仅因为推迟开具发票而不确认收入，并要求 A 公司对账务进行调整。

防控策略：企业应加强对相关政策的学习和理解，注意区分税会差异，对发票开具和收入确认等情形进行审核和检查。

8. 兼营不同税率的货物、劳务、服务取得收入未正确计提销项税额的风险

有些企业兼营多种业务，且不同业务适用不同的税率，对于混合销售行为，企业容易错误使用税率，从而导致增值税销项税额有误，引发增值税错误申报的风险。

情景再现：A 公司销售一台设备给客户，并提供设备安装服务，合同单独列明设备款和安装款的金额。设备安装完毕后，A 公司以合同总金额为依据，开具了增值税专用发票给客户。客户认为，设备款和安装款在合同上单独列明，可以区分，且设备销售和设备安装适用不同的增值税税率，A 公司应在发票上分别体现设备款和安装款，并正确使用增值税税率。

防控策略：企业应加强会计审核及核算，严格区分不同业务的收入，正确使用各个征收项目适用的税率，不得随意调整不同业务的税率。

11.6 其他环节税务风险和防控策略

工业企业在除上述环节外主要存在以下税务风险。

1. 固定资产大修理支出未资本化的风险

固定资产大修理支出，是指为恢复固定资产的性能，对其进行大部分或全部的修理，如对房屋、建筑物进行翻修等。固定资产发生大修理支出时，同时符合下列两个条件的，要将相关支出资本化，在以后期间进行摊销。

（1）修理支出达到取得固定资产时的计税基础 50% 以上。

（2）修理后固定资产的使用年限延长 2 年以上。

很多企业发生固定资产大修理费用时，未按税法规定在固定资产尚可使用年限内分期摊销，而是在发生时计入当期损益，在税前扣除，这样操作存在一定的税务风险。

情景再现：A 公司对厂房进行改建，涉及金额较大，超过厂房原入账金额的 50%。A 公司认为本次改建并未拆除厂房主体，只是增加了部分设施，无法评估改建后厂房的使用年限延长的时间，所以把改建的费用全部费用化，计入当期损益。税务部门要求 A 公司聘请专业机构对厂房的使用年限进行评估，并据此判断是否满足固定资产大修理支出资本化的条件。

防控策略：发生固定资产修理支出时，财务部门应对照每项固定资产计税基础，判断修理支出是否达到取得固定资产时的计税基础 50% 以上，固定资产的使用年限是否延长 2 年以上，同时符合上述两个条件但会计上将修理支出计入当期损益的，应在该项固定资产尚可使用年限内的年度申报时进行相应的纳税调整。

2. 研发费用加计扣除不规范的风险

根据规定，企业要享受研发费用加计扣除的税收优惠，必须满足以下条件。

（1）企业应按照财务会计制度要求，对研发支出进行会计处理；同时，对享受加计扣除的研发费用按研发项目设置辅助账，准确归集核算当年可加计扣除的各项研发费用实际发生额。企业在一个纳税年度内进行多项研发活动的，应按照不同研发项目分别归集可加计扣除的研发费用。

（2）企业应对研发费用和生产经营费用分别进行核算，准确、合理地归集各项费用支出，对划分不清的，不得实行加计扣除。

然而，很多企业直接把研发费用加计扣除，没有提供有关研发费用的相关资料，这里面主要存在以下税务风险。

（1）未在年度企业所得税汇算清缴前报送备案资料，存在享受税收优惠不规范的风险。

（2）未设置加计扣除研发费用辅助账，存在享受税收优惠不规范的风险。

（3）研发费归集的人工费、直接投入费用与税收规定范围不一致，税前扣除未进行调整，存在少计应纳税所得额的风险。

（4）在一个纳税年度内进行多项研发活动的，未按照不同研发项目分别归集可加计扣除的研发费用，存在少计应纳税所得额的风险。

（5）企业对其取得的作为不征税收入处理的财政性资金用于研发活动所形成的费用或无形资产进行了加计扣除或摊销，存在少计应纳税所得额的风险。

情景再现：A公司为高新技术企业，公司的部分研发活动在生产过程中进行，同时部分研发人员由生产人员兼任。A公司为了方便核算，在归集人工成本时，把该部分员工的工资平均分到生产成本和研发费用中，两者各占50%。税务部门认为A公司的做法不合理，A公司应当根据这些员工从事生产活动和研发活动的时长分配人工成本，并要求A公司进行账务调整。

防控策略：在年度企业所得税汇算清缴前报送研发费用加计扣除优惠政策备案资料；按税法规定设置加计扣除研发费用辅助账，核算时按照税法规定归集研发活动发生的人工费、直接投入费用；在一个纳税年度内进行多项研发活动的，按照不同研发项目分别归集可加计扣除的研发费用；企业取得的作为不征税收入处理的财政性资金用于研发活动时所形成的费用或无形资产不能进行加计扣除或摊销。

3. 资产损失未按规定申报扣除的风险

根据规定，企业发生的资产损失，应按规定的程序和要求向主管税务机关申报后方能在税前扣除。未经申报的资产损失，不得在税前扣除。下列资产损失，应以清单申报的方式向主管税务机关申报扣除。

（1）企业在正常经营管理活动中，按照公允价格销售、转让、变卖非货币资产的损失。

（2）企业各项存货发生的正常损耗。

（3）企业固定资产达到或超过使用年限而正常报废清理的损失。

（4）企业生产性生物资产达到或超过使用年限而正常死亡发生的资产损失。

（5）企业按照市场公平交易原则，通过各种交易场所、市场等买卖债券、股票、期货、基金以及金融衍生产品等发生的损失。

（6）除上述以外的资产损失，应以专项申报的方式向税务机关申报扣除。企业无法准确判别是否属于清单申报扣除的资产损失，可以采取专项申报的形式申报扣除。

在实务工作中，很多企业把资产损失直接计入当期损益并在当年汇算清缴中将相关损失税前扣除，未按规定的程序和要求向主管税务机关申报，存在随意扩大资产损失范围，少缴纳税款的风险。

防控策略：财务部门应按照内部管理控制的要求，保留好有关原始凭证、会计核算资料、具有法律效力的外部证据和特定事项的企业内部证据等，以及其他属于清单申报和专项申报附列的相关资料。

4. 预提费用未实际发生的风险

企业根据谨慎性原则、安全生产和防控风险的需要预提各类费用，在其实际发生之前不能在税前扣除。如企业提供一定期限的质量保证，按销售额的一定比例预提销售费用，但申报企业所得税时该费用并没有实际发生，而企业未做纳税调整，将会导致少计应纳税所得额。

情景再现：A 公司根据往年的经验，在年末预提了一部分费用，到了次年办理汇算清缴时，该费用尚未发生，A 公司亦未做纳税调整。税务部门认为这些费用未实际发生，不应在税前抵扣，于是要求 A 公司进行纳税调整。

防控策略：企业应建立各类预提费用的明细台账，妥善保管实际支出部分的原始凭证和相关资料。注意区分税会差异，对未实际发生的支出在汇算时做纳税调增处理，实际支出年度纳税调减。

5. 地价未计入房产原值计征房产税的风险

根据规定，对按照房产原值计税的房产，无论会计上如何核算，房产原值均应包含地价，包括为取得土地使用权支付的价款、开发土地发生的成本费用等。宗地容积率低于 0.5 的，按房产建筑面积的 2 倍计算土地面积，并据此确定计入房产原值的地价。在实务工作中，很多财务人员会忽略这一点，导致少缴房产税。

情景再现：A 公司拥有一块土地的使用权和两处房产，年末时，A 公司分别就房产原值和土地价值申报缴纳房产税和土地使用税。税务部门通过调查发现，A 公司申报房产税时，并未把土地价值计入房产原值，存在少缴房产税的行为，遂要求 A 公司变更申报，补缴房产税和滞纳金。

防控策略：财务部门在申报房产税前要谨记，对按照房产原值计税的房产，宗地容积率大于 0.5 的，房产原值应包含地价，包括为取得土地使用权支付的价款、开发土地发生的成本费用等。另外，宗地容积率低于 0.5 的，按房产建筑面积的 2 倍计算土地面积，并据此确定计入房产原值的地价。

第 12 章
工业企业合同管理

合同管理是企业管理的重要组成部分，企业应当根据合同管理制度签订和履行合同，保障企业权益。然而，在实际工作中，很多企业并没有制定合同管理制度，有些业务甚至连合同也没有签订，全凭企业管理层的口头协议。一旦业务出现问题，就会出现互相推诿的情况，造成企业经济利益的损失。

因此，为了维护企业在履约过程中的自身合同权益，避免企业因合同违约而遭受损失，提高企业经济效益，企业应当重视合同管理，建立健全合同管理制度，严格遵守合同条款，加强对合同履行情况的监督和管理，及时处理合同履行中出现的问题，确保合同的完整性、准确性和安全性。

本章将介绍工业企业合同管理的主要内容和注意事项，主要涉及的知识点有：

- 合同管理基本概念
- 签约过程的合同管理
- 履约过程的合同管理
- 合同的变更及解除管理
- 合同的归档管理

12.1 合同管理基本概念

合同是民事主体之间设立、变更、终止民事法律关系的协议。合同涉及大量企业内部核心信息和法律信息，因此企业需要对合同进行管理，做好合同的编制、审核、签订和保管工作，减少合同失误，防范和降低因合同签订可能给公司带来的风险，帮助企业维护自身合法权益，实现内部控制目标。

1. 合同管理原则

在合同管理中，需要遵循以下原则。

（1）合法性原则，合同内容必须符合国家法律法规和相关政策要求，确保合同的合法性。

（2）准确性原则，合同条款必须准确、清晰，避免因文字错误导致的纠纷。

（3）及时性原则，合同履行必须及时、准时，以确保交易的顺利进行。

（4）完整性原则，合同内容必须完整，避免遗漏重要条款。

（5）保密性原则，合同内容必须保密，避免泄露商业机密。

2. 合同管理总体要求

企业需要建立一系列制度体系和机制保障，促进合同管理的作用得到有效发挥。

（1）实行分级授权管理。企业应当根据经济业务性质、组织机构设置和管理层级安排，对合同实行分级授权管理。属于上级管理权限的合同，下级单位不得签署。下级单位如认为有必要签署涉及上级管理权限的合同，应当提出申请，并经上级机构批准后办理。上级单位应当加强对下级单位合同订立、履行情况的监督检查。

（2）明确职责分工。企业各业务部门作为合同的承办部门，负责在职责范围内承办相关合同，并履行合同调查、谈判、订立、履行和归档职责。法务部门侧重于履行对合同条款的审查职责；财务部门侧重于履行对合同的财务监督职责。

（3）建立统一归口管理制度。企业可以根据实际情况指定法律部门或行政部门等作为合同归口管理部门，对合同实施统一规范管理，具体负责制定合同管理制度、审核合同条款的权利义务对等性、管理合同标准文本、管理合同专用章、定期检查和评价合同管理中的薄弱环节、采取相应控制措施、促进合同的有效履行等。

3. 合同管理权限职责

（1）合同签订部门负责合同的谈判、起草、会签、归档、履行等。

（2）技术部门负责对合同细节进行审核，对其中的技术指标进行复核和测试，对合同金额提出意见。

（3）法务部门负责对合同文本进行详细审核，对可能存在的风险进行识别和提示，对合同履行过程进行指导与监督，对合同纠纷进行指导与处置。

（4）财务部门负责对合同的涉税条款、付款条件、发票等有关事项进行审核与监督。

（5）总经理或董事长负责对合同的必要性、经济性、可行性、风险性等进行最终审批。

12.2　签约过程的合同管理

企业在签订合同的过程中，应对相关程序进行管理，严格按照法律法规和公司规定进行，确保合同的合法性和有效性，从而保障公司的利益。

12.2.1　合同的签订要求和程序

合同的签订是以前期各方已充分沟通并达成合作意向为前提，在遵法守法、公平公正、平等互利的基础上，采用书面形式明确合作相关事项，是合作各方意愿的真实表达，具有法律效力。

1. 合同的签订要求

企业在合同签订前，应满足以下要求。

（1）签订合同必须遵守国家法律法规及有关规定，否则合同无效。

（2）合同应由企业法定代表人或持有法定代表人委托书的其他法人签订，法定代表人或其委托人需对企业所签订合同负责。

（3）签订合同前，必须认真了解对方当事人的基本状况。

（4）除部分不重要合同外，其余合同应采用书面形式，并采用统一合同文本。

（5）合同对各方当事人权利和义务的规定必须具体、明确，文字表达要清晰、准确。

（6）合同需加盖公章或合同专用章，并由企业法定代表人或其委托人签字确认。

2. 合同的签订程序

企业在签订合同时可以设置以下流程。

（1）合同调查。签订合同前，企业需充分了解合同对方的基本情况，包括对方的法律主体资格、主营业务范围和信用状况等，确保对方具备履行合同的能力。

（2）合同谈判。合同谈判是指企业为了协调合同双方的关系，满足各自的需要，通过协商而争取达成一致意见的行为和过程。企业在初步确定拟签订合同对象后，该合同的负责部门应就合同条款和对方进行谈判，明确合同的具体内容、合同各方的权利义务以及违约责任。对于一些重要合同，合同负责部门还应组织技术部、财务部、法务部等其他相关部门参与谈判，发挥团队智慧，保障公司利益。

（3）合同拟订。企业在合同谈判过后，应根据谈判结果，拟订合同文本。企业有合同标准文本的，应优先使用标准文本；企业没有合同标准文本的，可参照使用合同对方提供的文本，但应本着保护公司合法权益的原则，严格审核合同条款，防止不平等条款对公司造成损害；如无前述合同文本，合同签订部门应负责拟订合同文本。

（4）合同审核。合同文本拟订完成后，企业应进行合同会审。财务部、法务部及其他业务关联部门应对合同文本的合法性、经济性和可行性进行重点审核，并对合同条款提出意见，必要时对合同条款做出修改并再次提交审核。

（5）合同签订。合同经有关部门和人员审核通过后，合同负责部门应和合同对方沟通合同相关事项，然后正式签订合同。

12.2.2　合同对方的选择

为了防范合同风险和减少经济纠纷，企业在签订合同时，必须谨慎选择合同对方。好的合同对方能够信守诺言，尊重契约精神，达到预期的目的；不好的合同对方往往不守信用，使预期目的落空，给企业带来经济上的损失。

企业选择合同对方时可以采取以下措施。

1. 审查合同对方的主体资格

审查对方的主体资格是否合法，主要可以通过两种途径：一是检查合同对方的营业执照，主要看合同对方签合同的行为是否超越了营业执照中核准登记的营业范围，其所签合同是否与其注册资金相适应等，同时在"全国企业信用信息公示系统"上查看合同对方是否通过了工商行政管理机关的年检注册，没有进行工商年检的企业一律不得与之签订合同；二是查看合同对方有没有生产许可证、经营许可证等相关资质证书，某些工业品的生产和销售是需要国家行政部门批准才能进行的，如果没有生产许可证，其所签订的销售合同是无效的。

2. 了解合同对方的履约能力和信用状况

只有合同对方的信用状况良好，经济实力强劲，才具备履约的能力，企业与之签订合同才有足够的保障。企业可通过"全国法院被执行人信息查询"平台、"全国法院失信被执行人名单公布与查询"平台等渠道查询对方的信用状况，必要时可要求合同对方出具中国人民银行征信系统的征信报告。此外，要了解合同对方的履约能力，企业可以要求对方提供近期经审计的财务报表，或者由合同的负责部门派专人到合同对方现场视察生产情况，以确定合同对方是否能满足合同的需求。企业还可以通过其他客户对合同对方的评价，来了解合同对方以往的履约情况。

3. 审查签约人的签约资格

根据规定，企业的权利应由其法定代表人行使，法定代表人有权代表本企业直接与其他企业签订合同。一般情况下，只有企业法定代表人才有资格代表企业签订合同，但在实务工作中，由于工作安排等原因，法定代表人不一定会签订所有合同，而是通过授权委托书的形式委托其他人代为签订合同。代签合同必须有委托单位出具的授权委托书，受委托人在其受托期限内拥有法定代表人的权力，可以代表企业签订合同。

12.2.3　合同形式和内容的审查

1. 合同形式的审查

根据规定，合同可以采用书面形式、口头形式或者其他形式。为了方便企业管理，更好地维护企业权益，除了一些金额小且不重要的合同外，企业其余合同应采用书面形式。企业通过电子邮件、传真等形式订立合同的，应当在合理的时间内取得相应的加盖红章的合同原件；无法取得合同原件的，应当明确约定合同订立形式（如传真、电子邮件、微信等），以确保其合法效力且留存相应证据。

合同应优先采用本企业的合同标准文本。如本企业无合同标准文本的，可采用合同对方提供的文本。如双方均无合同标准文本，应由合同签订部门负责拟订合同文本。

企业合同标准文本由业务主管部门提出，经财务部、法务部等相关部门评审通过，并经总经理审批后方可生效。企业合同标准文本由业务主管部门根据业务实际情况不定期进行修订。

2. 合同内容的审查

根据规定，合同的内容由当事人约定，一般包括下列条款。

（1）当事人的姓名或者名称和住所。

（2）标的。

（3）数量。

（4）质量。

（5）价款或者报酬。

（6）履行期限、地点和方式。

（7）违约责任。

（8）解决争议的方法。

合同内容一般可分为四个部分，即交易主体、交易内容、交易方式和问题处理。

"交易主体"的审查主要包括审核合同对方与前期谈判方是否为同一主体、合同对方是否具备主体资格、合同签订者是否为交易对方法定代表人或其委托人等。

"交易内容"的审查主要包括审核交易是否合法、合同条款是否完备、合同用语是否规范、合同标的物及交易金额是否明确、合同的意思表示是否真实等。

"交易方式"的审查主要包括审核合同约定标的物在何处交割、交易对价以何种方式支付、交易的时效性、相关交易费用的支付方式等。

"问题处理"的审查主要包括审核合同是否包括需重点防范的问题、是否有约定争议的解决方式、解决问题的方式是否存在漏洞等。

12.3　履约过程的合同管理

合同在履行过程中，也应当进行相关的管理，及时做好合同的跟踪管理，做好合同履行的记录和统计，保障企业的合法权益。

12.3.1　合同履行的原则

合同履行是指合同各方当事人按照合同的约定完成合同义务、享受合同权利的过程。合同履行主要包括以下原则。

（1）实际履行原则。实际履行原则，是指合同各方必须按照合同约定来履行合同，未经权利方同意，不得以其他标的物代替或者以支付违约金来免除合同约定的义务。

（2）诚实信用原则。诚实信用原则，是指合同各方在履行合同的过程中，应遵守诚实守信的原则，根据合同的性质、目的和交易习惯履行通知、协助、保密等义务。

（3）协作履行原则。协作履行原则，是指合同当事人不仅适当履行自己的合同债务，而且应基于诚实信用原则的要求协助对方当事人履行其债务。

（4）情势变更原则。情势变更原则，是指合同生效后，因不可归责于双方当事人的原因发生情势变更，致使合同之基础动摇或丧失，若继续维持合同原有效力显失公平，允许变更合同内容或者解除合同。

（5）经济合理原则。经济合理原则，是指在合同履行过程中，应讲求经济效益，以最少的成本取得最佳的合同效益。

12.3.2　合同履行过程的实施控制

合同的履行过程对企业十分重要，关系到企业的切身利益，因此为了能够使合同顺利履行，企业有必要对合同履行过程进行控制。企业在合同履行期间可以实施的控制措施主要包括以下几个方面。

1. 严格执行合同条款

企业应积极履行合同中的义务，并享受合同带来的权利。在此过程中，如发现合同对方存在违约的可能性，或者企业自身可能无法履行合同的，应及时采取措施，消除合同无法履行的可能性。

2. 及时地通知、告知、催告履行

按照合同的规定，当合同履行到某个节点出现问题时，企业应及时跟合同对方沟通联系，告知对方下一步的履行计划。

3. 对方发生违约情况时应主动主张权利

当合同对方没有按约定履行合同，或企业发现对方很有可能违约且引发违约的事项无法消除，可能或已经导致企业的经济利益受到损害时，合同的负责部门应尽快告知公司领导层，并要求对方按合同约定赔偿损失，必要时可申请人民法院采取财产保全措施。

4. 解除合同

当合同对方出现了会导致合同解除的情形或发生其他不可抗力因素导致合同无法继续履行时，企业可根据自身情况决定是否解除合同，并考虑是否需要对方的补偿。如果企业决定要解除合同，应尽快和对方落实相关事宜。

5. 保存证据

无论合同最终是否成功履行，企业都应该保存合同的所有资料。将来出现无法解决的经济纠纷时，这些合同资料可以作为诉讼的证据。

12.3.3　合同履行过程的支付管理

为了保障企业的权益，确保企业在合同履行过程中不处于劣势，企业应当对合同款项的支付进行管理。

企业合同负责部门应根据合同履行进度，向合同对方支付款项。在向对方支付款项之前，合同负责人应收集合同对方已履行相关义务的资料，作为付款申请的附件提交财务部门。

财务部门审核相关合同条款后，判断是否满足付款的条件，如未满足付款条件，财务部门有权拒绝付款，并及时告知合同负责人。财务部门如对付款事项没有异议，应签字确认并把付款申请资料提交总经理。

总经理作为企业审核支付款项的最后一道屏障，应履行忠实勤勉的义务，不能因为前面已经有其他部门审核过了就掉以轻心。总经理在确认所有付款信息无误后，应签字确认并提交财务部出纳。

出纳应根据确认的付款申请单，核对对方的收款信息后，按程序付款。

12.4 合同的变更及解除管理

1. 合同的变更

合同变更，是指合同生效后，不改变合同的主体，只对合同的权利义务进行修改的行为。合同变更包括以下条件。

（1）原来已存在且已生效的合同。

（2）合同的内容发生改变，比如修改交易标的物、交易金额、付款条件等。

（3）经合同各方当事人协商一致后才能变更。

合同变更方式主要包括以下类型。

（1）基于法律的直接规定变更合同，如债务人违约致使合同不能履行，履行合同的债务变为损害赔偿债务。

（2）在合同因重大误解、显失公平而成立的情况下，以及合同因欺诈、胁迫、乘人之危而成立又不损害国家利益的场合中，有权人可诉请变更或者撤销合同，法院或者仲裁机构裁决变更合同。

（3）在情势变更使合同履行显失公平的情况下，当事人诉请变更合同，法院或者仲裁机构依职权裁决变更合同。

在合同的有效期间内，企业都可以根据实际情况对合同进行变更。当企业决定要变更合同时，应当以书面形式通知合同对方，并要求合同对方在约定的期限内给出答复，逾期未答复视为同意变更。

2. 合同的解除

合同的解除，是指合同生效后，具备了解除的条件时，按照当事人一方或双方的意思表示，使合同关系消灭的行为。合同解除包括以下条件。

（1）因不可抗力致使合同不能达到目的。

（2）合同一方迟延履行。

（3）合同一方拒绝履行。

（4）合同一方不完全履行。

（5）合同一方的过错造成合同不能履行。

合同解除方式主要包括以下类型。

（1）约定解除，由合同各方协商一致解除合同。

（2）法定解除，根据法律规定解除合同。

合同解除的程序分为一般程序和特别程序。一般程序是指在法律无特别规定或当事人没有特别约定的情况下解除合同的程序，大多数的合同解除采用一般程序。按一般程序解除合同时，解除权人首先应当通知对方，即以明确的方式向对方当事人表示解除合同的意思，合同自通知到达对方时解除。特别程序是指法律法规对解除合同有特别规定的程序。法律、行政法规规定解除合同应当办理批准、登记等手续的，企业应当依照规定办理相关手续。

12.5　合同的归档管理

为了便于企业管理，便于查询各类合同，避免遗失，企业应当指定部门对合同进行统一归档管理。企业可以根据自身情况设置合同部门，或者安排法务部门或行政部门，作为合同归档管理的责任部门。

合同管理部门可就企业实际情况，制定符合本企业经营目标的合同归档管理办法。合同归档管理办法可包括以下项目。

（1）制定统一的合同编号规则，合同归档时可按照合同编号进行分类。

（2）所有以公司名义签订的合同原件一律要求在公司归档，各部门只留复印件备查。

（3）公司保管的合同档案除了合同原件外，还应包括合同签订前的调查报告，法定代表人的授权委托书，合同谈判记录，合同签订、变更和解除过程中的信函、传真资料以及其他有关资料、文件。

（4）合同管理部门应对合同进行扫描，留存合同电子版。

（5）员工需要借阅企业合同的，应填写借阅申请单，经上级领导审核后，到合同管理部门处办理借阅手续，借阅结束后应办理归还手续。

（6）合同管理部门应编制合同档案检索工具，以便更有效地开展合同文档的查询、利用工作。

（7）合同管理部门应建立合同管理台账，每月汇总统计企业的完整合同档案资料，提交上级部门审阅。

（8）已归档的合同文档应每年至少清理核对一次，如有遗失、损毁，要查明原因，及时处理，并追究相关人员责任。

（9）合同档案的保存年限应在 10 年以上。